I0435529

Consultation des parents

DR . ASHOKA JAHNAVI PRASAD

Traiter parents d'

Troubled adulte

enfants

Dr.Ashoka Jahnavi Prasad

introduction

L'un des problèmes les plus courants et les plus intraitables

vu dans la psychothérapie , c'est que des parents pris dans un infini , processus futile d'essayer de sauver adulte chronique noyade

enfants . Il ya beaucoup de raisons pour lesquelles ces enfants adultes s'enfoncent

sous la surface , le plus courantes sont l'usage de drogues ,

comportement anti-social , et répété l'échec scolaire et le travail . la

la douleur de ces parents est souvent atroce , mais dans de nombreux cas

ils sont des acteurs majeurs dans les difficultés de leurs enfants .

Souvent ils sont en contact avec les erreurs du passé , réels ou imaginaires : «Si je

n'avait pas envoyé Johnny à cette école de fantaisie avec tous ces gosses de riches , il

n'aurait jamais tourné de cette façon " encore - complètement aveugle à

leur rôle actuel dans la perpétuation de la configuration de répétition de leur enfant

échec. Une des tâches les plus difficiles dans la psychothérapie est à

déplacer le focus émotionnelle de ces parents de Johnny à eux-mêmes.

Ils viennent presque toujours à la thérapie de l'aide au sauvetage de Johnny

et ils ne veulent pas vraiment entendre quoi que ce soit d'autre. Si le thérapeute

n'a rien à offrir dans ce domaine , la mise en place d'un alliance thérapeutique est presque impossible .
Pourtant , au moment où l' les parents cherchent de l'aide , ils ont probablement entendu parler et ont
déjà essayé chaque suggestion , le thérapeute peut penser à offrir, sans succès .

Donc, si le sauvetage Johnny n'est pas possible et Mme Smith ne veut pas

de travailler sur elle-même , est la psychothérapie significative possible ?

Parfois oui et parfois non . Dans de nombreux cas , il n'est pas , et l'

parents quittent , soit à souffrir de leur misère , sans aide ou à trouver

un thérapeute qui leur dira encore un autre moyen de sauver Johnny .

Mais parfois, une alliance peut être formée même dans ce sol stérile .

La raison d'être de traitement parents d' enfants adultes en difficulté

est d'enquêter et de partager des façons de maximiser les chances de ce

passe .

La clé pour faire un contact qui peut servir dans un premier temps

dans une échelle thérapeutique, est en empathie avec la douleur des parents.

Leur douleur est bien réelle , souvent déchirante et profonde . ces

les parents ont été agressés et blessés par leurs enfants au -

moins il se sent de cette façon , même si elles n'étaient pas l'objet visé par

l'agression de leurs enfants . " Comment plus forte que la dent d'un serpent , il

est / Pour avoir un enfant ingrat . " On pourrait penser que le fait

empathique à une telle douleur est Therapy 101 , mais il n'est pas . Il est fréquemment

difficile de se sentir à ces parents ; au contraire, ils semblent impossible

dans leurs revendications sur l'enfant et le thérapeute de même. Combien de fois

ai-je tenté de dire : «Lève la tête hors de l'âne de l'enfant

et peut-être qu'il aura une chance ", même en étant pleinement conscient

que ce serait à la fois cruel et inutile . La clé pour être

empathique est de se concentrer sur la douleur , pas sur les défenses désagréables

contre.

Il est également essentiel que le thérapeute réalise la complexité

des forces émotionnelles en conservant le comportement de sauvetage et la

nature inconsciente ou semi- consciente de la plupart d'entre eux . dans ce

sorcières infusion d'émotions bouillonnantes , l'anxiété , la peur , l'espoir ,

désespoir , la honte , la culpabilité , l'amour , la haine, la colère, la rage , la douleur ,

sentiments dévastateurs de la perte , le deuil , les souhaits de mort ,

embarras , et les désirs d'épanouissement du fait d'autrui et du fait d'autrui

rachat contribuent à l'amertume de la potion . en tout état de

proposée cas , la saillance ou même la présence de chacun de ceux-ci

ingrédients varient . Mais en général , la plupart ou tous seront là dans des proportions variables jouant leur rôle dans le maintien d'un commun

schéma destructeur de relation entre parents et enfants adultes .

Si l'échelle à une alliance thérapeutique peut être monté ,

chacun de ces émotions ou son exécution peut être fait conscient et

travaillé par . Pas une tâche facile , mais pas impossible .

Freud avait une analogie , ou peut-être mieux une métaphore , une psychothérapie ou une analyse réussie . Il a comparé " la stuckness " de l'analysant dans un modèle névrotique improductif à un bateau à destination de nombreux câbles à un quai . Seulement après que le câble finale a été libéré ou séparée de son attachement à la station d'accueil sera la voile de bateau . Mutatis Mutis , qu'après chaque lien affectif avec la stuckness a été travaillé par le patient sera libre de naviguer à sa destination ou , comme le dit l' actuel aurait-il, d'être libre de s'entendre avec son / sa vie .

Peu de patients sont les «coincés» que ces parents de patauger enfants adultes et quelques patients sont liés par tant de liens affectifs / scripturaires à leur stuckness . Donc thérapeutes qui travaillent avec ces patients ont du pain sur la planche. Mais si ces patients peuvent être conservés dans le traitement et la douleur de deuil espoirs qui ne sera pas réalisé peuvent être endurées , le résultat peut être une renaissance de la liberté .

Chapitre 1: Commandant Finkelstein

Il était sexagénaire . Il semblait qu'il était en grande forme , grand

et mince , impeccablement habillé dans son costume trois-pièces , plutôt

beau , mais avec des oreilles décollées , en quelque sorte ne cherche pas du tout

comme le patient de la psychothérapie en général tourmenté . il semblait

sûr de lui et parfaitement à l'aise . Je me demandais ce qui a amené ce

homme apparemment serein à mon bureau . Je me demandais aussi ce qu'il

était un commandant de . Il s'était présenté comme " commandant

Finkelstein , " qui sonnait comme un oxymore pour moi. je savais

rien de lui ; Je n'avais aucune idée de pourquoi il avait fait une

rendez-vous avec moi. Mon fantasme était qu'il était un chef des pompiers , mais

chefs de pompiers ne portent généralement pas costumes trois-pièces ou des liens rep . j'étais

perplexe et intrigué . Il s'assit en silence pendant peut-être dix minutes,

au cours de laquelle sa facilité apparente est devenu de plus en plus suspect .

Il a été un peu trop bien ficelé et il se tenait un peu

trop serré , comme s'il avait besoin de se contracter et contenir un inconnu ou

angoisse à moins consciemment inexpérimenté . Comme les minutes

passé , son visage s'est transformé de composé à quelque chose que je ne pouvais pas

tout lire. Quoi qu'il exprimait , en dépit de ses efforts pour

ne rien révéler , que «tout » était clairement douloureux . Au fil du temps

passé , ses luttes de censurer ses muscles faciaux ont commencé à échouer et

Je pouvais voir sa rage et sa douleur , apparemment en équilibre . chaque

paru infiniment profond et en guerre avec l'autre . Alors qu'il était assis

là avec son visage exprimant tour à tour ses émotions contradictoires .

J'ai pensé que Finkelstein doit être ici parce qu'il est coincé , il peut ni en colère ni triste et il doit être à la fois . Je me suis tourné vers

être erroné . L'intérieur de ce costume trois-pièces Finkelstein était un chaudron

de bouillonnement d'émotions et il a été en mesure de les laisser émerger ,

parfois avec une intensité effrayante . Mais je ne savais pas à l'époque

et se sentait de plus en plus mal à l'aise que je l'ai attendu dehors .

J'étais sur le point de sortir de l'impasse lorsque le commandant

visiblement tendu et d'un ton qui était en quelque sorte simultanément une

gémir et un cri , keened : «Docteur, il n'y a pas beaucoup dans nachas

ma vie . Pas beaucoup nachas , et en fait pas du tout . plus que

tout ce que je voulais prendre du plaisir et de fierté à mes enfants , mais je

ne peut pas. Ma fille ne veut certainement bien. Si je ne peux pas tout à fait profiter

ou approuver ce sont objectivement ses succès qui est mon

problème et je le sais . Mais je ne suis pas ici à cause de Stacey -je vais

vous en dire plus à son sujet et notre relation plus tard . Non, l'

problème est Jeff . Mon fils Jeff putain , juste un putain de désastre

après l'autre , âgé de trente ans et il ne peut pas essuyer son cul sans

obtenir merde sur ses mains . Juste saqué nouveau - pour les deux

centième fois . Et ma putain de femme n'aide pas. Si il ne peut pas effacer

son cul , elle va le faire pour lui. Lui sauve à chaque fois et elle est

été faire depuis qu'il était un petit garçon . Rien, rien (ou presque

criant) va bien pour Jeff - école , emploi, relations ,

rien, il baise tout ce qu'il touche " .

Larry Finkelstein enfouit son visage dans ses mains et pleura

amèrement . " Est-ce si mal que je veux un peu nachas - une seule fois pour être

pouvoir kvell [gonfler d'orgueil] au lieu de gémir quand je pense

Jeff . Nos amis à cet enfant de son droit à Yale , la décision de celui-là

grand sur la rue et j'ai de la chance si Jeff reste en dehors de la gouttière .

Parfois, je pense - bien au moins, il n'est pas dans Sing Sing , au moins

pas encore. "

Larry a commencé à sangloter et je pensé vouloir un certain

nachas - un certain plaisir et la fierté de ses enfants - Isnt qu'une

attente universelle ? Bien sûr, le commandant veut que je

senti quelque chose entre la pitié et de la compassion pour lui. Ensuite, je

cette pensée est beaucoup trop sur Larry et l'envie de Larry de

enfants spectaculaire succès de ses amis , et pas près de

assez de Jeff et sa douleur , et mon empathie près drainé

loin . Son sanglots cessé . L' angoisse Larry Finkelstein

transformé de nouveau dans le commandant . Une fois de plus maître de soi ,

le commandant se redressa et dit: " Docteur Levin , je tiens à -

besoin à faire une chose parfaitement claire - je ne suis pas ici en tant que

patient. Je suis ici pour obtenir de l'aide pour Jeffrey - ou plus précisément , un

stratégie pour aider Jeffrey . Je le répète, je ne suis certainement pas ici en tant que

patient et vous devez comprendre que " .

Se souvenir de l'injonction de Freud que le refus est souvent un

affirmation , je l'ai dit , " Mmm , mmm . " Et notre première session s'est terminée .

Bien que tout cela était trop familier , si rarement aussi abruptement

énoncés , la plupart des parents de jeunes enfants en difficulté adultes qui consultent

me considère leurs fils ou leurs filles que les patients et je crois qu'ils

sont là que pour " guérir " les . Néanmoins du commandant

affirmation véhémente qu'il n'était pas ici en tant que patient n'a pas de bon augure bien . Je savais que la véhémence était en partie (en partie seulement) une

réaction à son émotion au cœur brisé quelques instants auparavant .

Je sentais encore qu'il serait un cas extrêmement difficile . la

formalité , les vulgarités , la folksiness yiddish , et la rigidité d'une certaine manière ne vont pas ensemble. Larry , M. Finkelstein , et le commandant semblait être trois personnes différentes et je me demandais si les difficultés du fils n'ont pas eu beaucoup à voir avec l'absence d'un père intégré à s'identifier.

Notre deuxième session était radicalement différente . Commandant Finkelstein était pragmatique , fluide, et presque la conversation , mais ne manque pas de sentiment comme il m'a dit tout sur la vie troublée de Jeffrey et en passant sur son propre .

«Il y avait de la difficulté depuis le début. Miriam est entré en

travail et ne pouvait pas livrer . Après ce qui a dû être une longue

agonie pour elle, ils ont fait une césarienne . Cela allait tout droit, mais le

juste circoncis Jeffrey commencé rejetant son lait . Nous nous pensions

allaient le perdre jusqu'à ce que le pédiatre a trouvé une vache avec le

bons gènes -enzymes - ou ce qu'il était et a commencé Jeffrey sur

son troisième ou quatrième formule . Cette fois, il a travaillé et il semblait

être bien en fait prospéré . C'était un gamin mignon à l'exception de la cicatrice sur

sa joue , sans doute à partir de la pince quand ils essayaient toujours

pour induire la naissance. Je sais que ça a rendu la vie plus difficile pour lui , mais la vérité

est qu'il est à peine perceptible . " Il fit une pause pendant une longue période , déchiré

un peu, et a continué , " perceptible ou non , les enfants peuvent être cruels et parfois ils étaient . "

" Jeffrey fait droit comme un enfant en bas âge à la maison, de toute façon , et les repères habituels passé normalement . Il a été certainement aimé - je me demande parfois si ce n'est pas trop . Mais il était un enfer d'un gamin mignon . Puis, environ cinq ans , les choses ont commencé à se gâter . "

" Je n'étais pas là beaucoup dans ces années -je vais tout vous dire sur moi-même dans un Miriam de minutes , mais me dit que Jeffrey souvent venu à la maison de la maternelle à pleurer. Le professeur a dit qu'il était agressif avec les autres enfants et ils ont riposté . Miriam , bien sûr , a accusé l'enseignant et m'a dit que le problème était que les cliques ont été déjà formés lorsque notre enfant est arrivé à l'école maternelle. C'est des conneries , ou au moins qu'une partie de l'histoire . Son damner , toujours faire des excuses et renflouer Jeffrey hors dès le début . Il n'a pas aidé . "

" Et oui , qu'en est-il le père ? Où était-il ?

Défendre la putain de pays , c'est là où il était! Je vais vous dire

comment je suis arrivé dans la Marine . J'ai grandi dans une partie inférieure de la classe moyenne de

les Bronx - youpins , micks et wops - pas beaucoup avec beaucoup

argent. Mon père était une sorte de bon à rien de bien , une sorte de

prévision de Jeffrey . Il avait un millier d'entreprises et je

se demander s'il n'avait pas une sorte de connexion avec la foule .

Parfois, nous étions chasse inexplicablement . Puis, quand j'avais dix ans , il

décédé subitement . Personne n'a jamais parlé. Il doit y avoir

un enterrement , mais je ne me souviens pas, et il n'y avait pas de shiva .

A ce jour , ma mère ne dire , ' Un jour, il est tombé raide mort .

Qui sait pourquoi ? Je traqué sa mort, il certificat -dit

mort d'une crise cardiaque . Je ne crois pas que je n'ai jamais . Je ne peux pas être

bien sûr, mais je me sens , sens profondément , que lui-même tué . S'il était un

suicide , je frémis à l'idée que cela pourrait préfigurer pour

Jeffrey . " Et le commandant fait frissonné en dépit de son

récit même tons .

" Ma belle-mère , elle est très lumineux et a travaillé dur dans un

le cabinet du médecin , est allé à Bronx communautaire dans la nuit , et

finalement , Dieu nous aide , de toutes les choses putain , est devenu un sociale

travailleur . J'admire ma mère . Elle a grain et de courage , même maintenant

dans sa quatre-vingt , mais elle n'est pas le Dr Freud de la vingt et unième

siècle qu'elle pense qu'elle est . Elle nous a enseigné sur l'activation tout en restant le plus grand catalyseur de tous. Autant de fois que nous lui avons dit , elle supplié , de ne pas donner de l'argent Jeffrey , elle continue à le faire. Elle est certainement une partie du problème et je sais , et je ne peux pas faire un putain de chose à ce sujet . " Finkelstein a claqué son poing dans sa paume .

« Retour à moi. J'étais un enfant intelligent et un un en colère . J'ai commencé à

déchaîne au lycée et a été un délinquant à part entière par

lycée . J'étais dans un gang , nous avons pris les voitures dans les manèges de joie et fait un

quelques cambriolages . Pas de violence , nous n'avons jamais de mal à personne . et je

était un étrange délinquant . J'ai beaucoup aimé les mathématiques et eu les meilleures notes dans

mon latin classe - oui , le latin , je l'ai aimé . Nous nous sommes arrêté pour la

deuxième fois et le juge m'a donné le choix , le service ou

école de réforme . J'ai choisi la Marine et le juge permettez-moi de leur diplôme

avant d'aller po Je n'ai jamais été dans aucun problème depuis . "

" Mais étrangement , c'est un problème pour moi . Parce que je me suis tourné

ma vie après seulement quelques années de passage à l'acte , je pense

que Jeffrey pouvait et voulait changer sa vie aussi. Cela a été

une illusion, une illusion douloureuse . Je crois encore la moitié il bien que je

sais que c'est pas vrai. Sa plus jeune soeur a suivi la même tendance .

Après le collège , elle s'installe à la quatrième rue et de l'avenue D avant

l'East Village s'est embourgeoisé - vécu dans la misère , couché avec

tout en pantalon et est resté lapidés pour une couple d'années . puis

elle a rencontré le poète de garçon . " Le commandant ricana , " Elle est mariée

à lui maintenant . Sa poésie est terrible . Je suis un gars assez lettré et je

ne peut pas donner un sens à une ligne de celui-ci . Puis il a écrit une sorte de roman - un

du XXe siècle sur la route avec ' fuck' à chaque ligne et

baise sur chaque page et il a frappé . Il a fait beaucoup d'argent , a obtenu un

poste d'enseignant dans un collège junior de Westchester et a déménagé à

Scarsdale . Je ne l'aime pas . Je n'ai pas approuvé de leur vie dans la

East Village et je n'approuve pas leur vie à Scarsdale . je sais

Je suis trop jugement , mais ce n'est ni ici ni là . Stacey est un

macher , ou quel que soit l'équivalent féminin est , chez les Sœurs d'

leur temple et ils se retrouvent dans une foule littéraire de flagornerie

fagots . Je ne m'inquiète pas vraiment ce qu'ils font avec leurs bites ou

abrutis . C'est la prétention et fausseté qui me fait . son

club de pays ensemble est encore plus jejune . Ils sont tous les deux coquilles vides ,

un pseudo- esthète et l'autre , je ne sais pas quoi. le point

de tout cela , c'est qu'elle m'a donné de faux espoirs , espoir pour Jeffrey - espoir

que, comme moi et comme Stacey il rendrait . encore plus

, le succès de sa sœur décourageant le faisait se sentir encore plus mal

lui-même, il ne peut pas s'empêcher de comparer et sachant qu'il arrive

courte . J'essaie de garder mon mépris pour mon fils -frère sous le boisseau et je suis un grand-père
décent - ils ont deux enfants - mais sans beaucoup d'émotion pour eux . Je suis respectueux , plutôt que
d'aimer et je me juge pour cela. Mais Stacey n'est pas le problème . Elle ne me fait pas sérieux
malheureux . Ils sont heureux , tout ce que je pense de leur vie . Le problème est Jeffrey . "

Je n'ai pas aimer le commandant beaucoup à ce point

et clairement filles ne comptent pas pour beaucoup dans les nachas

calcul . Le commandant a continué , " Retour à moi. J'ai adoré l'

marine ; il était une mère et un père pour moi. Je l'ai très bien . comme mon

tournée s'achevait j'ai pris un coup à entrer dans l'Académie , et

avec une forte lettre d'appui de mon CO , a été acceptée . je l'ai

très bien , diplômé près de la tête de ma classe et

rêvé d'être un amiral . Docteur Levin , vous cherchez à me

comme vous pensez que je suis vraiment fou - vraiment grandiose . Je ne suis pas . je savais

les chances étaient longues, mais ce n'était pas impossible . J'ai eu le truc pour faire si je suis les pauses dont j'avais besoin . Oui, mais qu'en est-il de l'antisémitisme

dans la marine ? Combien de Admiral Finkelsteins savez-vous ,

vous pensez . Permettez -moi de cette façon , Docteur . être juif

ne pas faire ma carrière plus facile . Pourtant, il était le commandant

Levy retour au XIXe siècle qui a sauvé Jefferson

Monticello de la ruine , et l'amiral Rickover piqûre qu'il

était - amiral et Burke , qui est devenu chef d'état-major - il tué

lui-même, cependant. Donc, mon lieu à officier général était possible . "

Je me demandais ce qui se passait . Suicide de nouveau , cette fois par un officier juif avec qui mon patient identifié ? Qui avait un risque de suicide ? Le père ou le fils ? Tout ce que la rage à peine contenue n'augurait rien de bon .

" Ma carrière a progressé encore mieux que ce que j'avais espéré . Je suis arrivé à

faire un peu de mise à mort sur le chemin qui était ce que j'ai été formé à

fais et je ne pense pas que j'ai tout conflit à ce sujet. Je me levai pour la

grade de commandeur , l'équivalent de la Marine de lieutenant-colonel .

Alors j'ai frappé un mur de briques . Je suis passé plus de trois fois pour

promotion au grade de capitaine et conformément à la politique en place ou de départ a été contraint

à la retraite . J'étais anéantie . Mon monde s'est écroulé . Je tombai dans un

dépression sans fond . J'étais à la maison maintenant , encore tout à fait disponible pour

Jeffrey . Il a dû être terrible pour lui, et je suis resté dans la fosse

depuis plusieurs années. Partiellement Jeff est l'auteur de sa propre misère , mais

Je l'ai raté et je le sais . Je n'ai jamais vraiment secoué ma culpabilité . Je ne sais pas

penser beaucoup de psys , surtout avec ma mère la deuxième

Docteur Freud . En fin de compte , cela n'a pas d'importance . Je n'avais pas le choix . Je suis allé de l'aide " .

Je pensais que les premiers adjectifs qui viennent à l'esprit à

Décrire le commandant n'était pas «politiquement correct» ou

« Sans porter de jugement . "

«Je eu de la chance . Mon thérapeute était super . Outre me parler

en allant sur les anti -dépresseurs , la chose la plus importante qu'il a fait

était de me convaincre que je serais effectivement fait très bien l'

enfant juif pauvre troublée devenir un commandant au Royaume-

States Navy est pas une petite chose , et j'ai une forte , aimante

mariage . Miriam et moi sommes merveilleux ensemble , face à

Jeffrey exception . Petit à petit, je me suis accepté , pleuré la Marine ,

et évolué. Seulement plus tard que je découvre que Miriam et notre

médecin de famille envisageait ECT [thérapie de choc électrique] .

Nous - le reculons et l- parlé par beaucoup de douleur de l'enfance , un

beaucoup de vieille merde trop , et après trois ans de traitement j'étais pleinement

fonctionner à nouveau adulte . Je serais allé à David ce

temps, mais il est mort . "

Oh merde était ma pensée . Un autre mort de son père. Je n'ai pas eu le courage de demander si son thérapeute est un autre suicide . J'ai aussi eu mes doutes que le commandant Finkelstein avait terminé le deuil de la Marine . Après tout , il s'était présenté comme le commandant Finkelstein . Mais là encore, qui pleure jamais réussi quoi que ce soit ?

Le commandant a continué , " pensions de la marine ne sont pas grandes ,

et Miriam - oh , elle est un autre travailleur - didn't sociale font beaucoup

non plus. Je devais faire quelque chose . Je n'avais pas travaillé depuis mon

ventilation . Ce que j'ai fait inscrire dans un programme de MBA , spécialisation

en comptabilité . Math ne m'a pas encore échoué, pas dans mon délinquant

les jeunes , pas à l'Académie , pas dans la marine , et non dans diplômé

école . Contre toute attente , profonde d'âge moyen avec aucune entreprise

l'expérience que ce soit, j'ai décroché un emploi dans l'un des trois grands

cabinets d'expertise comptable . J'étais parfait pour eux . Mon expérience marine

me fait un naturel pour traiter avec les entrepreneurs de la défense et j'étais

utilisé pour la commande , de sorte que d'autres de supervision était une seconde nature . je me levai

partenaire inhabituellement rapide et fait . C'était une compensation

pour être passé au-dessus pour le capitaine , et je fais une bonne partie de

de l'argent , beaucoup plus que je pensais que je ne le ferait . Ce n'est pas ce que je commencé à faire , mais je prends beaucoup de satisfaction dans mon travail . "

Le commandant est en effet multiforme , pensai-je La langue de la salle de paroisse , l'argot yiddish , la réussite de l'entreprise , le travailleur social épouse - ce un paquet .

" Permettez- moi de vous donner une liste de contrôle , ou mieux un rapport de remise en forme : femme A + , face à Jeffrey exception , le mariage A + , A- emploi , relation avec sa fille et petits-enfants B - , de la santé A , relations avec l'auto B + . Donc vous pouvez voir pourquoi je ne veux pas être le patient ici . Puis il ya le double moins purulente plaie - Jeffrey - F , face à cela . Je déteste le dire ou même de penser , mais parfois je souhaite que Jeffrey allait mourir . "

Donc fini notre deuxième session. Beaucoup de parents d' chroniques

luttent enfants adultes abritent souhaits de mort envers ceux

enfants, mais je n'avais jamais entendu parler entre eux ont exprimé de façon abruptement . habituellement

il faut beaucoup de traitement à faire des souhaits de mort consciente, un élément vital

l'étape de peur d'être agi dans les moyens d'auto-destruction . la

Commandant était très patient , tout ce que la connaissance de soi , mais

impuissante à réduire tout de sa misère . Ironiquement , en dépit de

lui-même, ce non - patient auto-proclamé embrassait état de patient avec une vengeance .

Nos sessions ultérieures axées sur le fils troublé , Jeffrey . Le commandant rarement appelé à lui-même ou d'autres membres de la famille , sauf en ce qui concerne Jeffrey . Maintenant, il a été certainement se définir comme pas le patient .

" Jeffrey sorte de reçu par l'école primaire . Pas beaucoup d'amis .

Toujours un outsider . Qualités so-so . Je me souviens qu'il ne pouvait pas obtenir le

coup de division longue , donc nous avons eu un tuteur . Il a appris , mais il était

toujours un combat . Et il était vraiment pisse pauvres au sport . Dans l'ensemble ,

pas un enfant de succès . Miriam a insisté pour qu'il prenne piano . Il était horrible .

Le professeur de musique a été un vrai con - chatte - dit tous les parents qui

tataleh serait la prochaine Horowitz . A la fin du récital de l'année ,

tous les enfants étaient horribles et Jeffrey était effroyablement terrible . j'étais

embarrassé " .

" Proche école était encore pire. Il a vraiment foutu en

école , a commencé à mentir à nous , n'a jamais fait un peu putain de travail scolaire .

Il est venu à la maison avec tous les Fs . Je l'ai battu très fort sur le nu

ass avec une ceinture. C'était la seule fois où je me suis sérieusement touché soit de mon

enfants . D'ici là, Miriam était si exaspéré , en particulier par le

mensonge, qu'elle favorisait la fessée . Je suppose que je me sens coupable à ce sujet

et parfois je me sens coupable parce que je ne l'ai pas plus de discipline .

Dans tous les cas , la fessée fait rien de bon. Jeffrey a continué à mentir, ne pas faire

ses devoirs et d'échouer. La vérité était l'enfant était un loser .

Il n'y avait pas un putain de chose qu'il était bon au - universitaire ,

sociale , artistique ou créatif. J'avais honte d'avoir honte de

lui. À ce moment nous avons essentiellement renoncé et lui expédiés dans un

pensionnat . Étonnamment , elle a effectivement travaillé . Jeff a eu plusieurs

succès des années - joué au foot , passé ses cours , eu

amis . Nous avons été ravis ; puis dans son année junior , nous sommes appelés

par le directeur . Jeff a été expulsé pour le tabagisme et

traiter probablement pot . Quand je suis allé le chercher , je suis allé dans

une telle rage que je me suis cassé tous les meubles dans sa chambre . la

déception m'écrasait . Miriam , bien sûr , lui - défendu

l'école a été une réaction excessive , etc J'étais furieux contre elle . autre

temps , avant que nous lui avons envoyé à l'école d'embarquement , je coups de pied dans le

la télévision, il s'assit en face de tout le temps au lieu de faire son

devoirs . Je ne fais pas des choses comme ça. Au Miriam

insistance , je suis passé par un programme de gestion de la colère après avoir

cassé les meubles . Je n'aime pas la partie de moi qui a perdu le contrôle , mais cela semble de l'histoire
ancienne . "

" Jeff a été réadmis à l'école et a réussi à graduer . Il s'est jeté sur quatre collèges avant nous avions assez et il a insisté pour aller travailler . C'est il ya près de dix ans et il n'a pas été en mesure d'occuper un emploi pour toute longueur de temps depuis . Jeff boit trop , fume trop mauvaises herbes , a été dans la petite délinquance , a été dans un millier de thérapies infructueuses, nous vole , nous ment , nous hait , et dépend de nous . Je ne pense pas que l'alcool et le pot sont sa véritable problème , même si elles ne contribuent pas . Ils sont plus d'un symptôme qu'une cause. "

" Il se présente à des réunions de famille et est parfois doux

et aimable , d'autres fois horriblement horrible. Le pire, c'était

Les funérailles de la mère de Miriam . En fait, il a volé l'argent de son

le sac à la shiva de la mère . Je veux rompre tous les liens avec Jeffrey , mais

Miriam va balistique . Elle a peur de se tuer . et il

peut-être. Quand il n'est pas en agissant comme un trou du cul , il va dans effrayant

dépressions d'immobilisation . Je suis terrifiée à l'idée trop . Bien sûr, je parfois

le veux mort , mais surtout je veux lui de trouver son bonheur " .

" Après je me suis passé au-dessus et j'ai épinglé tous mes espoirs sur

Jeffrey je savais qu'il était fou de penser qu'il ferait amiral pour

moi. Pourtant, je ne pouvais m'empêcher de penser. Je n'ai pas pensé de cette façon -

même inconsciemment , je ne pense pas - depuis ma thérapie . Mais ce n'était

une chose terrible à faire pour Jeff et je le sais. Et au fil des ans à la fois

d'entre nous avaient des attentes irréalistes . Ce fut aussi cruel .

Maintenant, nous voulons juste stabilité minimale et un minimum de paix pour

Jeff . Nous n'avons pas la moindre idée de comment l'aider à ce

Point . Nous avons vraiment tout essayé . Je sais qu'il a à faire

lui-même. Je sais aussi qu'il ne peut pas le faire seul . Je me sens totalement impuissant . je

se sentir écrasé. Comme je le disais , pas beaucoup nachas . "

Le commandant affalé dans son fauteuil et a demandé , " Pouvez-vous m'aider à aider Jeffrey ? C'est ce que je vous paie pour . C'est ce que je veux de toi . "

Heureusement, nous avions plus de temps pour que je me sentais aussi impuissant le commandant . Un cas de l'identification projective , peut-être , dans

qui le commandant induit son impuissance et de désespoir

en moi . Probablement vrai , mais la valeur thérapeutique peu ou pas . la

problème était que le désespoir du commandant sur son fils était trop

réalité fondée et lui-même a insisté qu'il ne voulait pas

travailler sur lui-même . L'approche habituelle serait de convaincre le

parents qu'ils ne pouvaient aider l'enfant si elles se

changé. Cela fonctionne souvent, mais j'étais convaincu qu'une telle

approche bombarder avec le commandant . La seule chose qui

semblait potentiellement utile était de cesser de penser ou d'adressage,

Larry Finkelstein en tant que commandant . Cela s'est avéré de manière inattendue

difficile . Je ne décide de demander pourquoi il a tenu sur son rang navale

avec tant de ténacité quand l'occasion s'est présentée . Mais il ne semblait jamais .

J'avais entendu dire la quasi-totalité de celui-ci - «il» qui signifie l'émotionnel

contenu avant : la peur , l'espoir , le désespoir , la colère , la

culpabilité , les attentes irréalistes , l'amour et la haine . Ce que je

n'avaient pas entendu parler avant était le mépris exprimé par le commandant

pour ses enfants , en particulier Jeffrey . Je savais que le mépris était

au moins en partie défensive, mais il était là et c'était vrai . là

a aucun moyen Jeffrey ne pouvait pas sentir que mépris et Dieu

ne savait quel effet que la connaissance avait sur lui . peut-être que

était une façon à refléter retour le mépris de Finkelstein et laissez-le

réagir . Mais je ne pouvais pas le faire sans une alliance thérapeutique forte ,

qui n'existait pas encore . Afin de refléter ou de commenter son mépris

ne pourrait qu'accroître sa culpabilité , en vain . J'ai vraiment été entravés .

Le commandant en savait trop et ne savait rien .

Entre les sessions , j'ai eu une étrange rêverie . J'ai commencé à penser

de Blanchard et Davis , deux demis tout- américains dans le

années cinquante lorsque West Point était un géant du football . Blanchard

était connu comme M. extérieur, célèbre pour ses courses de fin , alors que

Davis était également réputé pour ses intérieur hors s'attaquer plonge . aucun

doute le discours de Finkelstein de l'Académie Navale a M.

L'extérieur et l'intérieur M. à l'esprit . Travailler avec les parents de

enfants adultes chroniquement insuffisants, le thérapeute doit être

MM extérieur et l'intérieur M. et compte tenu de la difficulté de la

travail , il ou elle avait mieux jouer sur le niveau All-American . je serais

beaucoup préfèrent être M. intérieur , aller à droite contre la défense ,

mais je savais que c'était impossible, du moins pour l'instant Finkelstein .

J'ai donc décidé d'aller pour une course de fin et de se concentrer sur les stratégies de

" Fixation " Jeffrey .

Souvent joignant le parent (s) de cette manière est un moyen efficace

Entrée faciliter l'établissement d'une alliance thérapeutique . mais

regarder. Il est trop facile de reproduire le dysfonctionnement de la

parents et deviennent partie intégrante du problème au lieu d'une partie de la

solution . J'ai donc décidé d'aller sur cette fin d'exécution , en espérant qu'il ne serait pas

me prendre dès la sortie du stade . Mais je ne suis pas sur que l'exécution

immédiatement . Dans notre prochaine session ma première question était: « Vous avez

été aux prises avec Jeffrey toujours. Pourquoi avez-vous décidé de faire appel

moi maintenant? "

" Bonne question , docteur. La petite amie - il de Jeffrey toujours

a une petite amie . Il n'a aucun problème à attirer les femmes . il vient de

ne peut pas tenir sur eux - appelé Miriam pour lui dire Jeffrey était dans un

vraiment mauvais chemin , juste assis dans une semi- torpeur , manger peine

n'importe quoi et pas la baignade. Jeffrey a dû être dans l'un de ses

périodiques dépressions -nous avons dû l'hospitaliser à plusieurs reprises ,

ou peut-être sur un accident de la cocaïne - il est un utilisateur sporadique . Je n'aurais

laisser mijoter mais Miriam devenue hystérique , certain que la shiva

serait demain. Si mon ancien psy était vivant j'aurais

le rappela , mais il n'est pas . Miriam suggéré vous - vous avez un

réputation de la toxicomanie maven , j'ai donc appelé . je pense que

L'utilisation de substances de Jeffrey est tangente , mais je peux me tromper et je

deviné que vous savez comment faire une intervention pour le faire dans

quelque part . Une fois que j'ai commencé à parler , il se sentait bien , alors j'ai continué à venir

retour . Pendant ce temps Jeffrey sorte de sortit de lui , du moins si son

amie rapports , et il est de retour à sa base misérable . "

Je pensais que les médicaments pourraient ne pas être si tangentielle , et j'étais

ravis d'apprendre Finkelstein a un certain soulagement en me parlant .

Peut-être il y avait un mini- alliance entre nous . J'ai donc décidé d'aller

hors s'attaquer , aller à l'intérieur avant ma fin course . J'ai contesté Larry , " Vous

Jeff décrire comme un tout- out , perdant sur - le - bord. Ce n'est pas

possible . Tout le monde a des atouts . Quels sont Jeffrey ? "

" Eh bien, il est sûr bon pour obtenir la chatte , a toujours été . Et il est drôle , a un vrai style de hors-marque de l'humour - rires à lui-même sans se rabaisser. Et il a un truc avec la nature . Il est vraiment un bon amateur de plein air , camping , nageur, randonneur - il est bon à toutes ces choses . "

J'ai contesté une fois de plus . " Pourquoi dire Jeff attire beaucoup de chatte au lieu de quelque chose comme il a toujours été en mesure d'attirer les filles qui se soucient de lui , ce qui est apparemment vrai ? "

Larry avait l'air perplexe . " Vous avez raison . Je lui posai sans savoir que je le fais " , répondit-il.

Il était temps pour cette fin d'exécution . J'ai dit: « M. Finkelstein - " Il s'interrompit pour dire:« Appelez-moi Larry " .

" Pourquoi avons-nous au moins essayer de ne pas venir avec un plan pour obtenir Jeffrey dans une meilleure situation ? Gardez vos attentes faible , voire inexistante. Je vais continuer à vous rappeler de garder bas et nous ferons ce que nous pouvons " .

Larry signé et au cours des deux prochains mois nous deux a essayé de trouver un établissement approprié . Il était clair que Jeff nécessaire à long terme , structurée , traitement résidentiel qui offre une formation de rattrapage , éducatif et professionnel . Cela mettrait les problèmes d'alcool -drogue en suspens et d'offrir l'occasion de soigner sa dépression et d'améliorer ses compétences de socialisation . Jeff avait une quantité impressionnante de rattrapage à faire , et combien était possible a été un énorme point d'interrogation .

J'ai suggéré Mme Finkelstein nous rejoindre . Larry instantanément

rejeté , en disant , " Miriam refuse catégoriquement de faire plus

thérapie . Nous avons été en couple conseil , conseil de famille ,

groupes - vous parents l'appellent et rien de tout cela a aidé . En outre,

Je ne veux pas lui ici . Elle ne serait pas utile , oscillant entre excuses bouilloire et l'hystérie . " J'ai laissé tomber l'idée .

Je trouve schéma de développement d'Erikson un outil très utile

pour comprendre où les adultes défaut chronique de sortir des sentiers

et où l'assainissement doit commencer . Dans le cas de Jeffrey je n'ai jamais

vu le «patient», faire de l'évaluation d'autant plus difficile . mais

certaines choses étaient claires . De l'histoire de Jeff , il y avait clairement

les faiblesses et les fixations aux premiers stades d'Erikson de confiance par rapport à

méfiance , l'autonomie plutôt que la honte , et l'initiative contre la culpabilité . encore

son déficit majeur réside vraisemblablement dans l'industrie de Erikson

par rapport à l'étape d'infériorité , une refonte de la phase de latence de Freud .

Nous parlons de sept à douze ans , à peu près . C'est là que

les enfants acquièrent les compétences de survie de leurs cultures . Jeff

acquisition était faible et criblé de trous , de sorte que c'était l'endroit

pour commencer à corriger en quelque sorte ces déficits . Le diagnostic était

clair , le traitement , loin de là . Inutile de dire , construit sur un tel

la faiblesse des fondements , des étapes ultérieures d'Erikson de l'identité , l'intimité , et

genitivity étaient très problématique pour Jeff . Je trouve beaucoup, sinon

la plupart des adultes , à défaut chronique des déficits massifs dans le how-

les compétences qu'ils doivent avoir acquis à ce stade , ce qui les expose

pour adolescences tumultueuses et sens faibles de l'identité . la

Douze programmes d'étape sont précisément sur la cible quand ils parlent de donner à leurs membres des «outils pour la vie . "

Donc, Larry et moi avons eu un plan et quelque chose d'une alliance -

une idée où les choses se passent hors des rails et une idée

ce qu'il faut faire à ce sujet . Implicitement , j'avais aussi donné Larry cognitif

structure qui fait sens au chaos de la vie de son fils sans

blâme , récrimination, ou l'auto-incrimination . Au fil du temps , nous sommes allés

de ce que l'analyste anglais Wilfred Bion a appelé une " base

groupe de prise en charge », qui est , en utilisant un processus primaire pensée émotionnelle , à un «
groupe de travail », qui est , l'un avec une orientation de résolution de problème . Normalement, vous
voulez beaucoup d'émotion dans la thérapie ; dans ce cas , moins est plus .

Mais nous avions encore deux gros problèmes : il n'y avait pas de locaux qui parfaitement ou même
approximativement répondait aux besoins de Jeff , et Jeff n'était pas à bord . En fait , il ne savait même
pas qu'il y avait un train de monter à bord .

Regardons les deux. Le premier est énorme . parents

traiter avec des enfants adultes en difficulté ont très peu , le cas échéant, les lieux

à tourner. C'est tragique et un échec majeur de notre société . Il ne peut pas

être remédié par les parents ou par les seuls thérapeutes . La solution est politique et économique , pas émotionnelle ou familiale . Il n'y a pas de centres de santé mentale plus communautaires comme celles qui ont surgi dans les années soixante et soixante-dix ; nous devons les rétablir . Je n'ai pas de réponses génériques . Le meilleur que les thérapeutes qui travaillent avec ces parents peuvent faire est d'acquérir des connaissances des ressources et des installations qui sont disponibles .

Dans le cas des Finkelsteins , il y avait un avantage plupart n'ont pas , à savoir , suffisamment d'argent . J'ai parlé aux parents de faire faillite envoyer un enfant à travers un quatrième cure de désintoxication . Néanmoins ayant des moyens financiers peut littéralement faire la différence entre la vie et la mort .

Meilleure chance de Jeff entrait dans une - Riggs type Austen

installation , c'est-à- un qui offre un traitement résidentiel de longue durée, est

psychodynamique orientée , a un programme de nombreuses activités

qui sert de véhicule pour acquérir ces «compétences pour la vie , « offre

psychopharmacologie approprié , et a un alumni actifs "

programme " à maintenir les gains acquis dans l'établissement. Il ne sont pas

plus grand nombre de ces installations , mais un peu survivent . Larry scope un

Départ et déterminés qu'ils allaient prendre un patient avec Jeff

histoire. Et Larry pouvait se le permettre sans paralyser la famille .

Le prochain défi était d'obtenir Jeffrey là. J'ai dit à Larry qu'il

dû croire et au bon moment transmettre à Jeff que sans

être auto-destructeur de la famille ferait tout et

tout ce qu'ils peuvent pour soutenir la santé et rien pour soutenir

dysfonctionnement . Nous avons décidé d'organiser une intervention . la

levier thérapeutique avait de l'argent . Jeff était encore financièrement charge de ses parents et grand-mère . À ce moment , j'ai dû

apporter mère et grand-mère et , étonnamment , ils nous ont proposé

aucune résistance à participer à une intervention . Dans leur esprit,

ce n'était pas la thérapie et ce n'était pas une mauvaise chose .

Dans nos demi-douzaine de réunions de répétition J'ai martelé loin à

le thème que donner de l'argent à Jeff était assassiner . Il était littéralement

le tuer en le rendant possible pour lui de vivre la demi- vie, il

vivait et cela était vrai même si l'alcool et la drogue était un

petite partie de ses difficultés . Nous avons prévu la «événement». D'ici là,

la petite amie actuelle avait laissé . Jeff a été à peine existante ,

traîner sans but. Lors de l'événement (c'est-à- structuré

confrontation) , il n'était pas de haute ou lapidé . Il est venu sans une lutte

et entré dans le programme résidentiel de la nuit. Il est resté un an ,

puis est allé à un autre , plus programme extérieur orienté à l'ouest

pour une autre année , est retourné à l'est , et avec l'aide d'un professionnel

conseiller a obtenu un emploi comme garde forestier adjoint . Avec mon approbation ,

les Finkelsteins lui a acheté une maison à proximité du parc mais ne le font pas

le soutenir. Il continue sur le médicament anti- dépresseur et

voit un cas - type de travailleur conseiller une fois par mois . Son travail n'est pas particulièrement difficile , mais il lui permet de rester en contact avec la nature . il

maintient sentiers , emmène les visiteurs autour, et recueille des données sur les

la faune . Les femmes viennent encore et viennent, mais il a fait un peu

amis et son père , dit-il semble contenu . Ils ne voient pas

souvent les uns des autres . Jeff garde ses distances , probablement à bon escient.

Qu'en est-il du commandant ? Je suis sûr qu'il fantasme encore

Jeff de devenir secrétaire de l'Intérieur , mais il garde pour lui.

Avec mes encouragements qu'il me voit encore sur un pnr rares

base et a été en mesure de prendre une certaine fierté Jeff jouer une main

étonnamment dépourvu d'as plutôt bien . Et il me dit son et

La vie sexuelle de Miriam (avec un coup de pouce de Viagra) est toujours « dynamite ».

Ajustement plutôt schizoïde de Jeff est bien mieux que moi , ou tout observateur objectif , aurait prédit , et ne plus avoir à jouer une dépendance amour -haine de ses parents , il peut encore faire mieux . Qui sait ?

Je vous aurais dit de cas étonnamment similaires d' adulte

enfants dysfonctionnels qui se sont terminées tragiquement . Je n'ai vu aucun manque de

eux. J'espère donc que Larry et Miriam se sentent plus de reconnaissance que

déception, et que cette reconnaissance agit comme un baume pour l'

plaies qui n'ont jamais vraiment guéries . Je me demandais à propos de Larry sexuelle

vantardise . Pourtant, de tous les rapports Larry et Miriam sont véritablement

heureux ensemble . Pour en arriver à accepter ce Erikson appelle

" La seule et unique vie qui était possible " dans sa description de la

dernière étape de la vie , l'intégrité contre le désespoir , Larry a rejoint

accepter lui-même et tous ses aspirations insatisfaites , plus

besoin de son fils de les remplir pour lui. Qui à son tour libère le fils

jouir de ses propres réalisations . J'avais espéré que les changements de Larry

lui permettrait d' être plus affectueux à ses petits-enfants , pointant

lui fait remarquer qu'il se trompe , mais ce n'est jamais arrivé .

Miriam , toutefois, fait plus de place pour quelque déficits

grands-parents aiment ceux qui subissent les enfants .

Chapitre 2 : Cas

Bien que Jeffrey n'était pas mon patient ou s'il l'était, il était

à un remove- il est intéressant de spéculer sur ce qui s'est passé

mal dans sa vie . Comme dans toute la vie de quatre facteurs déterminent la qualité

et direction : dotation d'origine, les premières expériences , les relations

avec les parents, et les possibilités ou de leur absence dans la plus grande

ambiance culturelle et économique et tout est fait usage de

quelle que soit la liberté des êtres humains ont de la détermination . dans

Le cas de Jeffrey , possible suicide du grand-père bon à rien de bien

avoir cotisé une prédisposition génétique à la dépression , comme

fait de son père , avec son grand quarantaine répartition dépressif . et

par rapport à ses parents, il a tourné court dans l'aptitude

département . Nous avons déjà examiné les points forts et

faiblesses de son parent, l'élément le plus problématique de

qui a été mise en place attentes Jeff pouvait tout simplement pas répondre . A

cercle vicieux s'est ensuivie . Ajoutez un peu de l'alcool et un peu (ou pas si peu)

pot et nous avons le triste trente ans présenté à nous par son

père . Jeff a eu quelques avantages anormaux , mais il a été incapable de en faire usage .

Ce qui a changé ? Une sorte de tempête parfaite inverse . Son père ,

pour tous ses protestations contre être un patient , changé ; Jeff succès "

bas " dur , et ayant nulle part où aller traitement résidentiel à long terme accepté ; et peut-être plus important encore, il a trouvé une niche où il pourrait fonctionner avec succès .

Ses parents étaient en mesure de faire un traitement de longue durée en sa disposition, le psychiatre a trouvé un anti- dépresseur qu'il a répondu à , et il s'en est tenu à la psychopharmacologie . Beaucoup de jeunes adultes de pulvérisation dont les parents désespérés demander de l'aide , sont, comme Jeff , qui souffre d'une combinaison de la maladie mentale et la toxicomanie , ainsi que des attentes impossibles à satisfaire . Habituellement toxicomanie joue un rôle plus grand qu'il a apparemment fait dans le cas de Jeff .

John , maintenant dans la vingtaine , était un sprinter . Il a bien fait

dans les sprints , mais ne pourrait jamais soutenir son succès . Il avait été dans et

sur les écoles, les programmes de réadaptation et les hôpitaux psychiatriques . son père

lui avait déserté , et son beau-père , Henry , était un haut - profil

professionnel : un professeur de droit et une quasi- célébrité avocat . et

pour John , c'était un acte difficile à suivre. C'est Henry qui était mon patient. La mère de John , Evelyn , avait été un parajuriste dans Henry

bureau et après des années d'une affaire sur de nouveau hors de nouveau l'amour qu'ils

enfin mariés . "Junior ", comme Henry l'appelle toujours lui , avait

sorte de venir avec l'affaire . Il n'avait jamais été formelle

adoption et Henry n'ont certainement pas pensé à John comme son enfant .

Néanmoins , il a été très bon pour lui - payer pour le résidentiel

traitement , pour les psys , à louer , le tout sans plainte . Malgré

le surnom dévaluation "Junior " Henry était vraiment friands de

John . Il était aussi jaloux de l'attention de la mère de John lui . comme je l'ai

avait eu à plusieurs reprises l'occasion d'assister , John

pourrait être charmant .

Evelyn , la mère , était , comme l'a dit Henry , « le cul de John . "

Ce , dans un langage un peu moins inélégante , avait été l'avis d'un

longue lignée de professionnels qu'ils avaient consultées et des états-majors de

l' école John assisté . Cela ne fait pas de Henry jalousie tout

moins problématique. Henry m'avait d'abord consulté sur son

problème d'alcool , sur lequel nous avons fait aucun progrès jusqu'à ce que sa loi

partenaires lui ont dit obtenir de l'aide ou de sortir . Puis , avec mon

encouragement, Henry lui-même signé dans une cure de désintoxication chariot - commerce .

Il est sorti un homme changé , est devenu consacré à Douze Étapes

idéologie , et n'a pas bu depuis . Sa propre à haute puissance

avocat père avait été un buveur très lourd qui est décédé dans un

flamboyant accident de voiture presque certainement impliquant l'alcool . Alors Henry

et j'ai eu beaucoup de choses à travailler. John a été rarement mentionné .

Ensuite, la merde frappe le ventilateur . John s'est arrêté pour un cambriolage .

Il avait des hallucinations et le meilleur qui pourrait être reconstruit était

qu'il avait dépensé l'argent Henry régulièrement envoyé des médicaments et

était en retrait . Déterminer (correctement) que Henry ne donnerait pas

lui une avance , il se rendit à sa mère , est entré dans une telle violence

crier correspondance avec elle qu'elle lui a refusé aussi, et dans

désespoir, il fait irruption dans un appartement à obtenir de l'argent pour " flic ".

Un de haut sur le alimentation - échelle criminaliste de Henry

amis se les accusations sont abandonnées . John est entré dans un hôpital psychiatrique

et vu le peu changé mais médicamenteux avec succès une

diagnostic de trouble schizo-affectif , pas un pronostic bon

diagnostic .

Evelyn a été frénétique depuis , presque littéralement essayer

à vivre la vie de John pour lui. Henry ne l'accuse de Evelyn

«Être dans le cul de John , " maintenant qu'elle a arrêté l'essuyant . Henry a plus ou moins abandonné .
Leur mariage est dans une situation désespérée et selon Henry c'est à cause de "Junior ". Comme la

plupart des crises , celui-ci se calma et un modèle tout - trop - stable a émergé . En dépit de surinvestissement de la mère , John , de prendre ses médicaments tels que prescrits, de se droguer , ne donnent, ou même très bien dans un programme de réhabilitation , un programme de formation ou une école , puis abandonne , décompense , et serpente dans forme épouvantable , impliquant parfois l'application de la loi , et obtient réadmis à l'hôpital. Le cycle recommence .

En dépit de leurs meilleurs efforts pour maintenir leurs faibles attentes ,

mère et beau-père deviennent espoir . Cette fois, Johnny va

à faire - he'll terminer le cours , obtenir un emploi , et avoir une vie

seul à avoir leurs espoirs shearingly brisées. Il n'est pas difficile de

compatir avec la douleur , comme un s'impatiente avec leur

étant pris à nouveau. Pour avoir un fils adulte aller de catastrophe en

catastrophe est vraiment navrant . Dans ce cas , le parental

attentes sont complexes et contradictoires. Evelyn

attentes pour John sont trop faible , elle ne croit pas qu'il peut faire

quoi que ce soit , et les actes de telle manière à empêcher son faire , tandis que

Les attentes de Henry sont beaucoup trop élevés , faire des demandes implicites

John ne peut absolument pas répondre . "Junior" a pas d'endroit sûr où aller,

même si cela ne dispense pas de sa responsabilité pour " ramasser "

obtenir lapidé, et de partir un autre intermède paralytique .

La cueillette jusqu'à soulève une autre question . Est-ce que John ramasser

parce que ses «voix» ou d'autres symptômes schizo - affectif commence à le tourmenter et il prend de la drogue comme l'auto-médication , ou

t-il saper sa «récupération» par aller hors de ses médicaments et

boire et fumer ? Ses deux parents et les professionnels

participer avec lui ont assumé ce dernier , mais il pourrait ne pas l'être.

Je ne sais pas comment cette question peut être répondue .

Evelyn est un catalyseur d'un genre extrême, à la fois fournir des justifications (" il est malade ") pour
excuser le comportement de John et de faire beaucoup trop pour lui. Henry peut être sans le savoir
permet à aussi , mais ce n'est pas si clair . Bien que les mères le font plus souvent que les pères ,
permettant ne respecte pas l'égalité .

Un grand nombre de professionnels compétents ont essayé de

ramollir plus de l'activation , en fait quelque chose de plus de Evelyn

comme une symbiose destructrice , sans succès , et je n'ai pas

des raisons de croire que je peux faire mieux . Donc, je me concentre sur Henry ,

essayer de l'aider à accepter la façon dont perturbé "Junior" est sans

ressembler à sa femme , en lui présentant le choix difficile de venir aux limites avec un statu quo qui est
peu susceptible de changer , ou de sortir . L'astuce ici est thérapeutique pour moi de ne pas se laisser
prendre dans un projet de sauvetage qui ne va pas sauver tout le monde. Le travail se poursuit .

Notre prochaine cas est encore plus triste , en fait, tragique . Mais avant de nous

y aller , permettez-moi de commenter plusieurs mères que j'ai vu dont problème était que la présentation de leurs filles étaient soit

célibataire ou marié insatisfaisante , au moins à partir des mères

perspective . Ceci est toujours présenté comme le pire sort imaginables .

Il n'a pas d'importance comment accompli la fille , souvent un haut -

alimenté professionnel ou d'affaires , est ; ironiquement , beaucoup de

ces mères elles-mêmes ont une carrière réussie . Pour moi , mâle

que je suis, le tout semble anachronique . En tant que thérapeute , je

je suis frustré par ces mères d'être prêt à ne parler que de

leurs filles , et il n'est même pas clair que les filles

se sont mécontents . Plusieurs fois j'ai presque cassé , " je suis

pas un courtier en mariage . " Une mère , sentant le non-dit , mordant m'a dit de lire Pride and Prejudice donc je comprends l'importance de mariage.

Dans mon expérience, il est très majoritairement les parents d'

les hommes qui viennent en thérapie de l'aide avec leur ingérable et

à défaut d'enfant adulte . Dans notre société garçons sont beaucoup plus susceptibles

d'agir dans les moyens d'auto-destruction . Jusqu'à très récemment, la

attentes pour les garçons étaient significativement plus élevés que chez les filles ,

augmenter la pression sur les mâles. L' équivalent féminin était

l'attente de «marier bien . " Quand j'étais au collège , il était

encore couramment dit, " Elle étudie pour sa MRS " Cela a

changé et les mères dont j'ai parlé ci-dessus sont dans une sorte de temps

chaîne . Néanmoins, ils souffrent et méritent de notre mieux . la

questions centrales sont le contrôle et le respect d'autrui. Le sous-texte est

vouloir généralement petits-enfants . Radicalement malheureux de filles

mariages ou leur douleur de ne pas être en mesure de trouver une satisfaisante

conjoint quand ils veulent un sont des sources très réels des parents ,

en particulier de la mère , de la détresse . Malheureusement , je n'ai pas eu

beaucoup de succès en aidant ces mères " laisser aller . " Je n'arrive pas à

les impliquer dans le traitement assez longtemps pour comprendre ce qui se passe

ou pourquoi. Alors permettez -moi d'aborder le projet de loi .

Bill était un artiste . Je ne peux pas juger de la valeur esthétique de son

travailler , mais d'un point de vue commercial , il a été un combat . A

décrit lui-même gâté seul enfant , le projet de loi n'a pas bien

académique . Il avait du mal à l'école publique , alors du mal à

plusieurs écoles privées , avant de finalement obtenu son diplôme . Ses relais à

prestigieux collèges - je ne suis pas sûr de savoir comment le projet de loi a obtenu admis à

les - soldées par un échec . Il n'a jamais obtenu un diplôme . Il s'est marié tôt , avoir obtenu sa petite amie enceinte , et ses parents pris en charge

eux. L'enfant , un garçon , a sa part de problèmes dans la vie , la liquidation

l'héroïne dépendants . Après plusieurs tentatives infructueuses à l'abstinence

programmes le fils se sont tournés vers un programme d'entretien à la méthadone ,

qui l'a maintenue pendant de nombreuses années. Il est professionnellement stable

et a eu plusieurs relations à long terme . Il n'est pas proche de son

père .

La fille , Marguerite, qui est arrivé un an plus tard , n'a pas

s'en sort pas si bien . La mère , Claire , est sorti sur le projet de loi lorsque le

enfants étaient trois et deux , respectivement . Elle a simplement abandonné

deux enfants, ne les voyant et prenant aucun intérêt à eux.

Le projet de loi , qui avait été tricher sur Claire , a réagi avec colère et d'auto-

pitié . Toujours pas autonome, il a travaillé dur à sa peinture ,

ne jamais trouver la faveur du public pour longtemps, et fait du mieux qu'il

pouvait pour ses enfants . D'ici là, le projet de loi avait déménagé à proximité de son

les parents , ont trouvé un amant live-in , et de devenir un fumeur de pot grave .

Il a vécu une vie de bohème , qui aurait pu être bien sauf

il ne fonctionne pas avec les enfants. La petite amie qui longtemps après la

affaire a été obtenu sur propre et est devenu un born-again prédicateur

introduit d'autres médicaments dans la maison . Les besoins des enfants sont plus ou moins bien remplies, la plupart du temps par leur grand-mère , et le

tout navire instable est resté à flot jusqu'à ce que les enfants atteints

l'adolescence . Le projet de loi ne fonctionne toutes sortes de petits boulots , a vendu un

peinture occasionnelle , mais ne devint jamais totalement autoportant .

Ensuite, le projet de loi proposé à la ville d'être " dans la scène de l'art , « la vie

dans un bâtiment délabré dans l'East Village . Son coin était un

lieu de rencontre pour les trafiquants de drogue et des prostituées . Un plus pernicieux

environnement pour une adolescente serait difficile à imaginer.

Daisy rapidement mis dans le pétrin - médicaments , l'échec scolaire , du matériel

ivrognes , des combats . Curieusement , la marguerite pire est devenu le meilleur projet de loi

est devenu . Soudain, il est devenu un père exemplaire , limitant son

fumer un joint de temps en temps à un parti , travailler encore plus dur à

son art , et se rapprochant de payer les factures . Il était trop tard . marguerite

était sur un cap de montagnes russes emballement pour l'enfer . Au cours des années

elle était dans chaque type de programme , dans chaque type de thérapie . projet de loi

est allé de l'aide trop , thérapie individuelle et familiale , mais rien

aidé .

Comme les années ont passé Daisy s'est détériorée . Son père n'a jamais

abandonné. Poussé par la culpabilité , il a continué à essayer quelque chose de nouveau , une nouvelle thérapie, un nouveau groupe , un nouveau traitement . Daisy n'est pas resté avec tout

de celui-ci . Le projet de loi est devenu un homme vraiment tourmenté . Il nourrissait un fantasme

que si la mère de Daisy ne reviendrait et l'amour de sa fille ,

Daisy serait bien . C'était pathétique et bien sûr , il n'a pas

arriver .

Daisy est devenu un prostitué , vendre son corps pour les médicaments ; elle est devenue séropositive et à un stade précoce du SIDA . Elle détruit l'appartement de son père . Elle a volé de tout le monde , y compris sa grand-mère maintenant âgée . Elle a menti tellement elle probablement ne savait plus ce qui était vrai , et finalement elle a été arrêtée comme un accessoire à un vol à main armée .

Le projet de loi a visité Daisy en prison , endurant l'humiliation montré aux visiteurs de prison et durable aux yeux de sa fille comme un prisonnier avec tout ce qui impliquait . Il a été presque détruit par l'expérience . Il semble qu'aucun parent a essayé plus difficile de réparer les erreurs plus tôt que le projet de loi a fait .

Prison était vraiment bon pour Daisy . Elle a obtenu le médical

le traitement dont elle avait besoin , prendre du poids , et quand elle a été libéré sur parole

gauche en regardant un peu plus comme un être humain normal . Tant que

elle était en probation Daisy est resté propre. Elle avait une très forte

motivation ; elle ne voulait pas retourner en prison . Elle a obtenu un emploi

et acquis un petit ami "droite" . Puis, après trois ans ses

libération conditionnelle a pris fin . Elle était morte dans un mois. Elle était partie de son

médicament anti- viral , rechute sur les médicaments , et une surdose . C'est à

ce point que le projet de loi m'a consulté . Il avait encore du mal

économique , mais ses parents , aujourd'hui décédé , avaient laissé assez pour

sortir. Je ne sais pas qui a contribué , par le projet de loi avait désespérément besoin d'un

but . Pendant des années, l'objectif principal de son énergie était «sauver

Daisy , "maintenant impossible. Son vide était presque

insupportable . Il avait été vrai que son obsession avec sa fille

servi de déviation de la recherche de lui-même ou à son créateur

et les blocages émotionnels , et était plus sur la réduction de sa culpabilité

que sur son aide. Mais cela étant dit , il avait vraiment essayé

à faire de son mieux pour réparer les dégâts de l'enfance de Marguerite .

J'étais inquiet qu'il pourrait prendre sa propre vie. Le point central de notre travail ensemble découvrait
sa rage infinie à Daisy . Une fois que émergé , je ne serais plus vous soucier de suicide . Cela fait des
années maintenant , depuis la mort de Marguerite , et le projet de loi , bien que nettement améliorée ,
se sent encore trop coupable pour se permettre beaucoup de plaisir dans la vie . Plus jeune, ses
possibilités sont limitées . Comme son thérapeute , je dois l'accepter.

Sara m'a vraiment furieux . Elle et Raj , elle plutôt calme

mari , m'a consulté au sujet de leur fils , un sérieux insatisfaisante

jeune adulte . C'était une histoire trop familière académique difficultés , les pertes d'emplois , l'échec des relations et les faux démarrages pire

finitions. Le problème est allé bien au back- tuteurs , conseillers spéciaux

programmes qui s'était Vijay travers de la peau de ses dents

sans vraiment changer quoi que ce soit . Mais maintenant, ils savaient ce qui était

tort . Leur fils a été accro à la cocaïne . Et bien sûr, ils

croyait résoudre le problème de la drogue serait tout résoudre . Malheureusement , il était clair que l'utilisation de médicaments de Vijay était une vaine tentative de se débrouiller par un jeune homme qui n'avait jamais été en mesure de faire face . Il était un symptôme , pas la racine du problème . Néanmoins , je suis d'accord que rien ne pouvait aller mieux jusu'à ce que la consommation de cocaïne de Vijay arrêté.

D'une manière assez histrionique , Sara versait son coeur . «Nous avons découvert qu'il nous a menti . Il a toujours nié toute consommation de drogue. Il m'a dit que j'étais paranoïaque " .

Raj , son mari laconique , interrompu à dire : «Alors, quoi de neuf? Il a été étendu à nous depuis des années . Vous ne vouliez pas le savoir " .

" C'est différent , Raj . Maintenant, nous savons . Son ami Susie

appelé et m'a dit Vijay était élevé toute la semaine et c'est pourquoi il

ne pas aller au travail et pourquoi il refuse de nous parler. M. Levin ,

nous avons été lui permettons , mais pas plus . Il va s'arrêter . Susie

lui dératisation à fait toute la différence . Maintenant, nous savons à coup sûr

et il ne peut pas parler de son moyen de s'en sortir . Pour penser, j'ai fais mal

Vijay tout au long par lui et je ne permettant le savait. Vijay est si convaincre je l'ai cru " .

Raj interrompu. " Gimme a break . Vous avez connu des

années . "

" Non, je ne l'ai pas , pas sûr , pas jusqu'à maintenant. Non seulement Susie ... "

Une autre interruption . " Vijay est lapidé du matin au soir . Certains illumination soudaine . "

" Comme je le disais , ce n'est pas seulement Susie ... "

Pourtant, une autre interruption , " Susie également lapidé de

matin au soir . Certains informateurs . "

" Comme je le disais , ce n'est pas seulement Susie nous dire la vérité .

Elle est un gentil garçon , rien de tel que mon mari fait de l'être. je

Vijay regardé à travers mes jumelles puissantes quand il est sorti sur sa moto la nuit dernière . Puis je l'ai vu deux pâtés de maisons

commencer à parler à un personnage vraiment minable sur une autre moto et

mettre un paquet dans sa poche . Il doit avoir été cocaïne . sur son

retour, il m'a vu se penchant par la fenêtre avec mes binocs et

compris ce qui se passait . Il a crié qu'il ne serait jamais

me parler et que j'étais hors de mon esprit " .

Raj a éclaté à nouveau , " Eh bien, il est parfois visé juste . "

" ... Et que j'imagine des choses . Maintenant que je sais que je veux que tu [me sens] pour faire une intervention immédiate . La place de la partie. J'ai son numéro maintenant " .

Raj renchérit , «Ce que nous sommes sur la même page . Et de le faire

bientôt " .

Donc nous sommes allés à travailler sur l'intervention . Il s'agissait

certainement une famille fascinante . Sara était un bouddhiste indien

femme qui avait grandi dans une enclave bouddhiste hindou et

Musulman Calcutta . Son mari était de la même ville , mais de une culture totalement différente . Il était un hindou . J'ai essayé d'explorer

avec eux ce que cela mariages mixtes et l' adaptation culturelle de

venir aux États-Unis avait signifié pour eux et pour Vijay ,

qui avait six ans quand ils ont immigré . Ils ne veulent pas en discuter

et n'avait rien à dire, sauf que aucun d'entre eux était religieuse

et leur différence de fond n'avait eu aucun effet sur leur fils

et n'avait pas de signification particulière. En outre, ils se sentaient à l'aise dans

les États-Unis dès qu'ils ont immigré . Ils avaient liquidation

dans le comté de Nassau à Long Island, avait ouvert un magasin de vélo

qui ne les réparations ainsi que les ventes , et qu'ils faisaient très bien merci et ils étaient là pour parler de leur fils , pas sur eux-mêmes . Il n'y avait rien que je pouvais faire pour les emmener où certainement ils avaient besoin d'aller à une certaine compréhension de la difficulté de leur fils . Alors je suis allé sur la planification de l'intervention .

Certes, l' intervention ne résoudrait pas tous cette famille de

ou des problèmes de Vijay mais c'était un début tout à fait raisonnable .

Interventions exigent beaucoup de planification , l'élaboration de stratégies et

répéter . J'ai travaillé très dur sur leur nom et Sara et Raj

n'aurait pas pu être plus coopératif . Pas plus de tirs isolés entre

eux, tout préparation pour l'intervention . J'ai appelé généralistes , en essayant

pour obtenir une aussi bonne forme que possible pour Vijay , a trouvé un , et disposé une admission . Assurance (payé par ses parents , bien sûr)

okayed le traitement de Vijay . Après avoir décidé d'inclure ami Susie et les deux sœurs de Vijay , ainsi que ses parents , nous avons prévu une répétition générale pour le lendemain . L '«événement » a été programmée pour se produire le jour suivant .

Cette nuit, j'ai reçu un appel de Sara . " Vijay fait beaucoup

mieux . Il parle de nouveau à nous . Et Susie est ivre , donc elle ne sera pas

être bon , même si elle assiste à l'intervention . Nous sommes donc annuler . Envoyez-moi le projet de loi, s'il vous plaît. " Et elle a raccroché .

Comme je l'ai dit, je l'aurais étranglée . J'avais vraiment sauté

à travers des cerceaux pour mettre en place l'intervention . Le message à retenir ?

Ne pas faire pour ses clients ce qu'ils peuvent faire pour eux-mêmes . pour

une raison quelconque , je voulais que cela fonctionne beaucoup trop .

Et Vijay ? Je suppose qu'il est toujours vivant dans le sous-sol

appartement , ils ont construit pour lui, épié par sa mère, dont

intrusion n'a pas le moins du monde à prévenir ses virées de cocaïne . et je

Imaginez Sara connaît le drame plus que jamais . Comme ils le disent

dans les programmes de douze étapes , «Les choses ne changent pas à moins

quelque chose change . "

Edna était âgée , pas assez fragile , et visiblement nerveux . Elle m'a dit qu'elle était ici pour discuter de son neveu , qui était très bien maintenant , mais qu'elle craignait qu'elle avait mal dans le passé par le sauver du temps et de nouveau par l'aide d'un mot de ce qu'elle n'était manifestement pas à l'aise avec - " permettant " lui.

«Je veux savoir si j'ai endommagé Manny et le reste de la

famille , de prolonger son adolescence sans fin et de retarder son

maturation ou que j'ai fait la bonne chose , sauver sa vie et de laisser

lui obtenir son acte ensemble dans son propre temps . Je ne sais pas. je vais

d'avant en arrière . Je me torture . Comme vous avez probablement remarqué, je suis un

femme nerveuse au départ. Nul doute que vous vous demandez ce que

différence terrestre est-il maintenant ? Mais il le fait pour moi. Je ne suis pas

vais être ici beaucoup plus longtemps et j'ai besoin de savoir . Je pense que je peux être

au moyen de la paix non plus, mais j'ai besoin de savoir . Ce ne sachant pas si je l'ai fait

ou ne pas faire la bonne chose , me laisse pas de paix " .

Je lui ai dit que je ne savais pas si nous pouvions répondre à sa question mais nous pourrions essayer . Je lui ai demandé de me dire que tout ce qu'elle pouvait sur son neveu et sa relation avec lui . Mais elle a commencé par parler d'elle .

«Je suis très proche de mes sœurs , y compris Manny

mère. Nous avons grandi dans Roxbury , Massachusetts , juive et

classe ouvrière . Nous étions plus de la classe moyenne , propriétaire d'une maison - ma

père était dans l'immobilier et un million d'autres entreprises . et il

était un joueur ; il aimait les cartes . A un moment, il a acheté un modèle A et nous sommes allés à la brousse de vente de lunettes pour les ploucs . il

appelé lui-même médecin. Je pense qu'il était un peu un escroc , mais très

aimable . Ma mère pompée bébés chaque année . Je pense que

tuée à la fin. Elle a eu huit enfants en six ans . elle est morte

quand j'étais encore jeune . Et Papa est mort subitement d'une salve

appendice quand j'avais quatorze ans . Notre très vieille grand-mère a déménagé

jeu. Nous n'étions pas habitués à shtetl mentalité nos parents étaient très

moderne et elle lui en voulait d'avoir à élever plus d'enfants . Il était

type de sinistre , mais nous avons eu un piano et que nous avons eu beaucoup plus âgés des garçons

accroché autour . J'étais le seul qui diplôme d'études secondaires et

mes sœurs avaient honte qu'ils n'ont pas . La mère de Manny était

la plus jeune et la plus belle . Je me suis marié en premier lieu, un homme que je

aimait passionnément , mais il est mort jeune . Il avait été malade pendant un tel

longtemps que j'avais peur d'avoir des enfants de ma propre . D'ici là,

Ida , la mère de Manny , avait épousé un drôle, type sympathique dans le

commerce de détail. Après quelques années Manny est né . J'étais encore dans

deuil . Ces jours-ci je serais diagnostiqué déprimé

mais nous ne pensons pas de cette façon -là. Il fallait être fou réel de voir

un psychiatre et il était terrible honte attachée à elle . Donc, mon

traitement est devenu Manny . J'étais folle de lui . Il est né avec une sorte de difficulté congénitale avec son pied et il marchait

avec une très légère claudication . Toute la famille surcompensé -

lui a donné beaucoup trop d'attention . Plusieurs de mes autres sœurs

jamais marié si Manny a été noyé dans l'amour des femmes -poules .

En regardant en arrière , je vois ce n'était pas favorable . Maintenant, je sais que nous lui avons donné une

très déformée , image réaliste de lui-même , et naturellement son

mère en voulait notre intrusion et d'interférence. Il était mignon et

doux, impossible de ne pas aimer. Je suppose qu'il n'y a pas une telle chose comme trop

beaucoup d'amour . Êtes- vous d'accord ? Maintenant , à quatre-vingts , je ne suis pas sûr que je pense que

manière plus . Je pense que vous obtenez l'image . Je n'ai pas eu beaucoup

l'argent , mais j'ai toujours trouvé assez pour acheter des jouets coûteux Manny .

Il n'était pas bon. Maintenant que je vous parle je me rends compte très

je me sens coupable . Après avoir été veuve c'était un temps très long avant que je

pourrait commencer une nouvelle vie et je égoïstement fait Manny ma vie . et

qui n'ont pas fait de bon pour le mariage de Manny des parents non plus. "

"Je pense que vous obtenez l'image . Trucs névrotique , mais rien

terrible . Finalement, je suis entré dans le monde de l'entreprise et fait une séjour irrégulier mais décent . J'étais dans les ventes. Je datée quelques gars , eu

des relations sexuelles avec un , mais il n'en fut rien . Mon amour vrai a toujours été

Manny . Sorte de pathétique, mais je n'étais pas activement malheureux . Manny

a grandi plus ou moins normalement et est allé à l'université. ensuite, l'

problèmes ont commencé . Nous avions tous l'ont poussé à entrer dans un collège très concurrentiel , de l'Ivy League , en fait . Ce fut un désastre . Il ne pouvait pas gérer socialement ou académique . Il aurait été beaucoup mieux si il était allé à un collège d'arts libéraux locale . Mais peut-être qu'il n'aurait pas fait de différence , qui sait ? Je pense que parfois Manny hérita d'insouciance - semblant de mon père d'être un médecin et le jeu " .

" En tout cas , Manny est allé à une école très difficile et il

était en dessus de sa tête . Je pensais qu'il était brillant donc fait le reste de

la famille . Nous étions si mal et nous lui faire du mal ainsi. " (Edna séché une

déchirer .)

" Une chose après l'autre a mal tourné . Il ne s'est pas demandé

de rejoindre une fraternité et Manny a pris cette difficile ; pire encore, il

commencé flunking cours . Quand il a obtenu son diplôme de haute école que j'ai payé

pour une procédure de redresser son pied - a déplacé les ligaments ou

quelque chose comme ça . Il a travaillé et quand il est entré collège l'

boiterie a été à peu près disparu. C'était un gros problème avec ma sœur , qui

était furieux contre moi, mais ses parents n'ont jamais rien fait sur la jambe

je l'ai fait " .

» L'année suivante, il tout raté et a menti à ce sujet . Donc, il était

voler de ses parents et , je dois l'avouer, de moi. il a fait

jusqu'à une histoire folle de travailler pour le gouvernement en Arizona

et tout était en descente à partir de là . Échec après échec : autre

tentatives à l'école , l'emploi, et Manny buvaient plus en plus . par

alors que nous savions sur son se jeter hors de l'école . Il y avait

un avortement que j'ai payé. Ensuite, mon beau-frère en est mort subitement d'une

AVC et Manny était ivre au long de la shiva . Il n'était pas

aider à tous à sa mère le cœur brisé . Pourtant, je suis allé sur et sur

de faire des excuses pour lui. Et lui donner de l'argent . Il m'a dit une fois

dans une diatribe ivre qui a tué son père et je crains qu'il

cru. "

«Docteur, je ne vais pas vous ennuyer avec plus de détails

sauf pour dire que le drame a duré dix ans . et en

la fin , Manny enroulée sur le Bowery , à vendre son sang pour acheter

boissons . Il est entré dans les DT et a été prise à Bellevue . c'était

un tournant pour lui. Quand il est sorti , une boisson de collège

copain qui était dans la récupération l'a emmené à une réunion des AA et il

resté sobre depuis plusieurs années . Puis il a eu une rechute spectaculaire ,

mais a été sobre depuis. Sa mère a vu l'amélioration de la

lui , mais toujours eu ses doutes sur les Alcooliques anonymes. Elle se demander pourquoi Manny traînait avec une bande de voyous . Pour être honnête , depuis longtemps je me sentais de la même façon . Je pense que c'était la honte stupide honte , mais honte quand même. C'est différent maintenant , avec tous les réadaptation et AA histoires à la télévision tout le temps , et un spectacle intitulé « Intervention ». Mais pas à l'époque. Je ne comprenais pas vraiment . Maintenant tout le monde sait sur l'activation ; je n'avais même jamais entendu le mot " .

" Qu'est-ce que Manny a appris à appeler ses« défauts de caractère » chez les AA

n'a pas disparu depuis longtemps . Il était à charge de nombreuses années

en sobriété grande partie de moi . Certaines d'entre elles était bon . Il retourna

à l'université , a obtenu un diplôme et éventuellement diplômé de droit

école . Il a une petite pratique, la plupart de l'immobilier et des testaments

Brooklyn et gagne sa vie . Il n'était pas auto- suffisante jusqu'à ce qu'il

était marié et dans la quarantaine . En regardant en arrière , je ne sais pas

savoir à quoi pense - quoi ressentir . Si je n'avais pas aidé et il

pas été facile , j'étais plus alors , pas faire beaucoup d'argent

moi-même, il aurait été l'âge de la retraite avant qu'il ne

établie . D'autre part , il est resté immature , même

infantile , trop égocentrique et trop pauvre et je l'ai aidé pas

grandir . Je suis confus , fier qu'il avait enfin fait et que je l'ai aidé et coupable à la fois . Enfin , au début de la cinquantaine, auto- suffisant pour un certain nombre d'années , il est devenu un mensch . Le menschhood est ce qui compte vraiment . J'aime ce qu'il est devenu , mais il a fallu une éternité . Dites-moi , ai-je fais la bonne chose ? J'ai besoin de savoir avant de mourir " .

Edna a continué . " Pas très souvent , mais parfois je suis

furieux de Manny pour l'utilisation et l'exploitation de moi. C'est difficile pour moi

à admettre . C'est encore plus difficile de vous dire , comme disent les jeunes , qui

Je ' suis descendu » sur le drame de Manny . Je n'ai pas eu beaucoup de vie et

faisant partie des luttes de Manny a donné un sens à ma vie . peut-être

J'ai même eu besoin de lui pour être un gâchis , mais je ne veux pas croire

que . Une fois, il m'a accusé de ne pas vraiment attendre beaucoup de lui .

Encore une fois , j'espère que ce n'est pas vrai . Eh bien , peut-être à des moments et en particulier

à la fin . J'espère que je ne pense pas que . J'ai honte de vous dire

ce , Docteur, mais à un moment où il était très ivre , Manny

m'a crié : « Vous n'avez jamais vraiment cru en moi . Vous pensiez que je

ne pouvait rien faire de moi-même ». J'aime à penser que ce n'était pas vrai

mais c'était peut-être , au moins une partie du temps , d'autant plus que la

années ont passé et il a obtenu en plus en plus de mal " .

Je me sentais plus comme un prêtre est invité à donner l'absolution à un thérapeute . Je ne connais pas la réponse à sa question - qui pourrait ? Etait-elle complice dans la descente de Manny à l'enfer et son manque de maturité incessante ultérieure ? Sans doute . Si elle avait probablement sauvé sa vie et rendu possible ce que la croissance , il a été capable de faire? Aussi sans doute .

J'ai pensé à l'histoire de Woody Allen de M. Smith, qui a

à un psychiatre , en lui disant " , Doc , nous avons un problème . mon fils

pense qu'il est un poulet . " Après l'habituel« mmmm , mmmm , " la

psychiatre a dit: « Ne vous inquiétez pas . Nous savons comment les psychiatres

guérir des illusions comme votre fils a . Donc, aller à la maison , de lui parler, et appel

moi pour un rendez-vous " . Un mois s'est écoulé et aucun appel de M.

Smith . Enfin, le psychiatre l'a appelé . " M. Smith , vous avez été

censé m'appeler pour un rendez-vous pour votre fils " . " Oh , que .

Nous avons décidé que nous avions besoin des oeufs . " Edna certainement besoin des oeufs ,

mais ce n'était pas aussi simple que cela . Il est rare . Elle véritablement soigné et

sur Manny ainsi .

J'ai décidé de donner l'absolution Edna . Dans son cas , il

n'était pas question de la pénitence . Elle était déjà sur - pénitent . Donc, je

dit: « Edna , il n'y a pas moyen de savoir ce que le chemin n'est pas prise

aurait pu être comme . Comme vous le savez , Manny a peut-être touché le fond

plus tôt , mais là encore, il aurait pu mourir dans un de ces OAR

il se laissa po je ne peux pas savoir que , pas plus que vous le pouvez. Donc, nous allons

regarder ce que nous savons . Manny ne obtenir sobre , il ne termine son

l'éducation , il s'est marié et il n'a saisir une profession , mais

tardivement , et , comme vous le dites , il a finalement atteint menschhood .

Pas un mauvais résultat . Laissez les ' pourrait - avoir -been » seul . vous pouvez

ne sait jamais , et tout ce que vous accomplir est auto- tourment . Quoi

pour ? Il n'aide personne , et certainement pas de vous, et il ne permet pas d'annuler

quoi que ce soit . Il est facile pour moi de m'asseoir ici et dis aux parents (ou tantes) à

pratiquer l'amour difficile et arrêter de validation lorsque leur fils ou leur fille

est en péril . Je ne peux jamais être sûr que c'est un bon conseil . parfois

le meilleur plan d'action est clair ; le plus souvent il n'est pas . Avez-vous fait

ce que vous faisiez partie de l'intérêt ? Oui. Avez-vous fait ce que vous

fait partie de rage et de désespoir , vaguement conscient que l'argent

vous donniez Manny le tuait ? Oui. mais l'homme

motivation , y compris le vôtre , est toujours complexe et conflictuelle .

L'essentiel est que vous avez été motivé plus par amour que par

intérêt . Laissez pureté des saints . Essayez et embrasser votre

humanité imparfaite . Manny ne vous blâme pas pour retarder sa

maturation , fait -il ? Non, et il ya une autre chose que vous n'êtes pas

affacturage po Manny était un adulte et était libre de faire des choix .

Il aurait pu refuser votre argent , surtout après avoir obtenu sobre ,

par exemple . Manny a dit que vous avez dit que vous n'avez vraiment pas croire il avait l'étoffe qu'il faut pour réussir dans le monde . vous êtes

sorte de le faire maintenant , toujours pas le voir comme un agent moral libre,

responsable de ses choix . Edna , mais complexe et

en conflit votre motivation , vous avez fait ce que vous pensiez meilleur ,

savoir ce que vous saviez alors . «Nous voyons à travers un verre sombre ... "

Laisser faire et vous donner un peu de paix . Je ne peux pas le faire pour vous " .

«Vous savez, docteur , les années de Manny à AA ont vraiment changé lui . Il travaille les étapes et il a présenté des excuses pour moi en utilisant , même essayé de faire la restitution . Maintenant , parfois, il m'envoie de l'argent . Mais il me tourmente encore qu'il a pris lui aussi longtemps à devenir un mensch , et même si , comme vous le dites , que c'était à lui , j'ai toujours eu ma part dans ce " .

« Edna , j'ai connu plus de quatre-vingt- un ans qui

n'a pas atteint menschhood . Donc, pour reprendre une expression , « Mieux vaut tard

que jamais . «Je pense que l'une des choses que vous sentez le plus coupable est

peut-être , au fond, pour tous vos idéalisation de lui , vous avez vraiment

ne pas croire que Manny avait l'étoffe . «Vous ne croyez plus que maintenant . Et permettez-moi de vous faire remarquer que je suis sûr que Manny ne serait pas heureux de savoir que vous étiez malheureux , vous tourmenter sur tout ce que vous avez fait pour lui " .

Elle sourit pour la première fois , s'est levé, m'a serré la main et à gauche, disant qu'elle serait de retour la semaine prochaine . Elle a annulé ce rendez-vous et plusieurs des suivantes . Je n'ai pas entendu de son pendant plusieurs mois . Puis elle a laissé un message : «Mon médecin a trouvé une tumeur . Je vais à l'hôpital pour une chirurgie mineure . Je vous appellerai quand je sors . Je veux que vous sachiez que vous m'a vraiment aidé . "Je n'ai jamais entendu parler d'elle à nouveau .

Chapitre 3: Quelques suggestions thérapeutiques

Comme vous l'avez vu , cette question permet n'est pas simple ou

souvent une claire . Il ya toutes sortes de raisons

permettant , allant de la simple ignorance (facilement résolu par

interventions éducatives de style) , à la peur, à " avoir besoin des œufs », à

inconscients (rarement conscients) souhaits de mort , pour vraiment malin

symbiose . Dans la plupart des cas, plus d' une , voire la totalité de ce qui précède

sont opérationnels . Sara , la mère indienne qui espionnait son fils , est un

cas d'une telle symbiose malin , et même là, d'autres facteurs

étaient opératoire . Thérapie consiste à identifier chaque motivation

Strand, ce qui en fait conscient , et travaillé par - pas facilement

fait avec les parents qui veulent que le traitement se concentrer uniquement sur la

enfant. L'empathie est essentielle . Le thérapeute doit garder jugement de

il - pas aussi facile qu'il y paraît. Peu importe la façon contre la

le comportement des parents et comment leurs motivations mixte , la première étape

est de reconnaître , verbaliser , et de transmettre la compassion pour les parents

dilemme . De là , si les parents vous laisser , commence le disque

travaux de réalisation de notre impuissance essentielle sur d'autres personnes ,

même si ce sont nos enfants . Il est profonde douleur dans la conscience le thérapeute essaie de susciter chez les parents. C'est précisément

parce qu'il est si douloureux que cela prend tant de tact et thérapeutique

un si bon sens du timing pour tenir les parents au traitement.

Le fait de reconnaître le chagrin que je sais être

central dans la relation parent-enfant est la clé. Quand les gens se sentent

compris qu'ils restent (peut-être) et les vérités quasi intolérables

au sujet de leurs relations avec leurs enfants peuvent être travaillés avec .

Comme vous avez appris à lire mes histoires de cas , je ne réussis pas toujours .

Dépendance colère caractérise souvent l'enfant de

relation avec les parents. Et à la fois la colère et la

dépendance sont punit les parents. Autant que ceux-ci

enfants protestent " contrôle " le comportement des parents, ils ne peuvent pas fonctionner

leur propre vie et à un certain niveau sont conscients qu'ils ont besoin de la

les parents dans tout le rôle qu'ils détestent . Ensuite, ils attaquent . L'empathie par

le thérapeute pour cette double responsabilité ayant à donner et à être

le destinataire de rage est souvent un moyen po Toute la dynamique

doit être mis sur la table et a travaillé avec .

Al-Anon est un programme de douze étapes pour codependents -

les parents , compagnons, frères et sœurs , amants, amis . Il est extrêmement utile

et d'orientation est toujours valable. Vous pouvez vous attendre à rencontrer résistance . Plus vous en savez sur AlAnon et Douze Étapes

programmes en général , plus le renvoi aura . comment

fonctionne de AlAnon ? Lorsque les membres des AA sont invités que

question de AA , ils répondent , " Just fine ". D'après mon expérience

Al-Anon ne fonctionne pas comme «amende» parce que les problèmes de ses membres luttent avec moins de béton . Ne boit pas " un jour à la fois " est une prescription très claire . Que AlAnon offre est plus diffuse , mais puissant . Cela dit , permettez -moi d'essayer d'élucider certains des mécanismes de AlAnon .

En premier lieu, le soutien du groupe et de l'identification mutuelle de son

membres réduisent la culpabilité , la honte dilue , module peur , et

recentre les énergies de ses membres sur eux-mêmes . le alAnon

Trois C : vous n'avez pas la cause ; vous ne pouvez pas le contrôler ; et vous ne pouvez pas

guérir - sont des simplifications . Néanmoins, ils sont au cœur

vrai . Pour ceux qui peuvent les intérioriser , comme la plupart AlAnon

membres ne fil du temps , ils sont presque comme par magie libératrice.

AlAnon présente comme un groupe de soutien des personnes aux prises avec

dilemmes similaires qui peuvent soutenir et renforcer vous.

Malheureusement , les trois C résonnent plus et sont un meilleur ajustement pour

conjoints que pour les parents . Mais ils s'intègrent assez bien . La leçon de

impuissance qui AlAnon enseigne paradoxalement responsabilise .

Un des éléments les plus curatives dans Al-Anon est

communauté . Une émotion que nous n'avons pas parlé , qui est

omniprésent chez les parents d' enfants adultes en difficulté , est la solitude .

Ils se sentent (et sont) douloureusement isolé , coupé par la honte de la

possibilité de lien significatif . Ce que les parents veulent parler

de leur enfant qui , par exemple , a été arrêté pour la troisième

temps pour possession de drogue , à des amis ou des relations dont les enfants

juste diplômé avec les honneurs de collèges prestigieux ? peu

nachas à partager - rien laisser seul à vanter . Donc, ce

les parents restent seuls . Pour aggraver leur situation , souvent

ils ont été jugés , comme ce fut le parent - patient qui m'a dit que son

frère a dit , quand il a écopé de sa fille sur «Vous avez votre

tête sur les épaules en arrière quand il s'agit de Diane . " Alors honte

et une peur bien trop réaliste de jugement critique sévère de connivence à

construction de murs, de la solitude . Ce n'est pas seulement douloureux ; elle rend

impossible de recevoir de la rétroaction corrective utilisable qui vient de

jugement , plutôt que de l'inquiétude . Al-Anon offre une évasion

de cette prison . Re - entrée dans la communauté humaine est l'un des

les éléments curatifs puissants des programmes de douze étapes , y compris Al-Anon . La même chose
est vraie de la psychothérapie . Ne pas sous-estimer le degré d'isolement de ces patients mères .
Commentaire sur elle et être empathique envers elle . Si vous pouvez faire à peu près tout , vous avez

fait beaucoup . Cela réduit souvent le sentiment de futilité du thérapeute dans beaucoup de ces thérapies .

Contre- inconscient est mortel pour le traitement .

Il est normal , en fait inévitable , exaspéré , ou en colère , ou

impatient, ou se sentir inutile , ou à éprouver un certain nombre d'autres

émotions négatives dans ce travail . Tant que vous savez, et ne le faites pas

agir -les , ces émotions sont des indices précieux à ce qui se passe

pour le patient et dans la relation et peut et doit être fait

utiliser de thérapeutique . Sentiments contre sont précieux

sources d'information , et pas seulement sur l'impact du patient sur

autres ; ils sont aussi une source précieuse d'informations sur les

monde intérieur du patient .

Retour à AlAnon . Une résistance commune à douze

Programmes d' étape est de leur côté spirituel . Beaucoup orienté séculaire

patients ne veulent pas de ce genre de choses " sainte de rouleau " . Et quelques-uns

patients religieuses rejettent les Douze Étapes en concurrence interdit

religion . Beaucoup de thérapeutes sont également hostiles à Douze Étapes

programmes . Si vous êtes l'un d'entre eux , jeter un regard attentif à où

vous venez . La vérité est que cette «concurrence» permet une

grand nombre de patients . Vous n'avez pas à vous abonner à douze

Étape idéologie de reconnaître que c'est là une expérience curative

offre des choses que vous ne pouvez pas: identification avec d'autres malades , forts

communauté , et un programme de croissance spirituelle qui enseigne l'

futilité de tentatives de contrôle omnipotent et offres espoir .

Lire de la littérature de AlAnon et se familiariser avec le

Douze Étapes est certainement une bonne idée si vous travaillez avec ce

population . Certains thérapeutes font l'erreur inverse ; ils

reportez-vous stupidement patients vers des programmes et même insister sur leur

participation sans évaluer soigneusement qualité de l'ajustement . pas tous

patients présentant des enfants qui fournissent " pas beaucoup " nachas

ont - médicaments ou les enfants de l'alcool en cause, bien que la plupart le font , et

ces parents sont beaucoup moins susceptibles de bénéficier d'une participation dans

Al-Anon . Il n'y a pas suffisamment de potentiel pour l'identification .

Néanmoins, un renvoi peut très bien être encore utile .

Sandy est venu me voir l'anniversaire de sa drogue impliqués

le suicide de son fils . Elle était dans l'écurie , le rétablissement à long terme de

dépendance. Sa culpabilité a été écrasante, comme c'était son non reconnue

rage à son fils . Le plus douloureux de tous était la dure réalité de son pas

être là , de la perte elle-même . Sandy a été profondément engagée membre des AA et Al-Anon . Elle «travaillé» les étapes dur

ainsi . Tous ces aidé , mais ne guérit pas . La même chose était vraie

de la psychothérapie . Nous nous sommes concentrés beaucoup sur sa culpabilité , et plus

travail n'a généralement chagrin . Encore une fois , il a aidé , mais avait une limite

effet . Sandy a été particulièrement attirée sur le côté spirituel de la

Douze Étapes , mais il est venu à penser qu'ils n'ont pas offert son assez.

Elle a rejoint un évangélique , né de nouveau l'église avec un charismatique

ministre qui est devenu un ami . Sandy finalement venu à croire

que Dieu et Jésus - surtout eu pardonné non seulement elle, mais

encore plus significative de son fils , et qu'un jour elle serait

retrouver son fils dans le paradis . Ces croyances révélées

transformation . Aujourd'hui Sandy est un heureux, énergique , productive

femme . Elle n'a pas été enfoncé depuis des années. Je ne partage pas

Les croyances de sable , je ne pouvais lui offrir ce que sa congrégation et

ses systèmes de croyance font . Ni pourrait AlAnon . Sandy n'est plus

assiste Douze réunions d'étape et elle a mis fin à la thérapie . je

pas de problème avec l'une de ces décisions . Bien que je n'aime pas

dire de suggérer que la psychothérapie de Sandy n'était pas essentiel , il a été - je savais aussi que je ne
pouvais pas lui donner ce qu'elle avait trouvé et c'était le bonheur .

Pour revenir à la question de savoir si l'exécution thérapeutique à

l'intérieur ou à l'extérieur est la meilleure stratégie thérapeutique : dans chaque

cas, le thérapeute doit évaluer les possibilités . Si les parents sont

disponibles pour travailler sur eux-mêmes , de saisir l'occasion . J'ai

trouvé que, dans la grande majorité des cas , au moins initialement, la

parcours extérieur est la seule option viable . J'ai donc élaborer des stratégies avec la

les parents sur les possibilités pour l'enfant . Cela est en partie

information - éducation , pour ainsi dire . J'ai vaste connaissance

des généralistes , les programmes d'auto-assistance , des programmes de recyclage , et ainsi de suite

que je peux partager . Cette partie est facile . Il offre aussi l'occasion de

construire une alliance thérapeutique . Comme sentiments émergent au cours de la

l'élaboration de stratégies , ils doivent immédiatement être articulées et si

possible amplifié. Il y a possibilité ici et il ne devrait pas être

manquer. La planification peut toujours être remis à plus tard . l'extérieur

approche de fonctionner est délicate. C'est trop facile de s'empêtrer dans un enchevêtrement de

plans qui ne seront jamais réalisées et restera détournés de

ce qui est peut-être réalisable : changement chez les parents . Aller à l'extérieur ,

bien que généralement utile jusqu'à un certain point , est également malhonnête de la part du
thérapeute qui dans son cœur veut travailler différemment. Je peux offrir aucun conseil générique sauf
pour dire aller à l'extérieur et attendre l'occasion d'aller à l'intérieur.

La situation économique actuelle complique parents

a du mal à aider leurs enfants à faire du rattrapage . Dans un monde

où les enfants «succès» ont du mal à prendre pied ,

où des emplois décents sont rares , et il ya peu ou pas de pardon

pour un peu moins de parcours scolaire ou d'emploi sterling , externe

alliés de la réalité avec déficit interne et les conflits pour faire monter

de la fosse d'autant plus difficile . C'était beaucoup moins vrai que quelques-uns

il ya des années . Paradoxalement , cette situation peut être un baume pour les parents

qui peut dire: « Eh bien, elle est vraiment essayer , mais il n'y a tout simplement rien

là-bas . "C'est vrai, encore trop facilement une distraction de répondre

autodestructrice comportement et de pensée chez les deux parents et les enfants .

Freud a écrit que l'amour parental est au fond déplacées

narcissisme . Les parents transfèrent tous les espoirs et les rêves qu'ils avaient

pour eux-mêmes , que la réalité les a forcé à renoncer , à l'

enfants , qui devraient être exemptés de la " fronde et les flèches de

la fortune outrageante , " des contraintes réalité inflexible

impose , et de la frustration ultime , la mortalité . Ceci est à la fois

trop cynique et vrai . Dans la formulation de Freud , il semble beaucoup moins

cynique , et la compassion de Freud pour les parents , dont l'amour pour

leurs enfants doivent en quelque sorte être déçu , vient à travers .

Nous aussi nous devons reconnaître la profondeur de la blessure narcissique

nos patients de parents d'enfants adultes en difficulté ont souffert et

pas les juger pour la composante narcissique de leur amour .

En effet , leurs aspirations , mais réaliste et cependant

déplacés de leurs souhaits pour eux et pour leurs enfants ,

sont, comme Freud l'a souligné, universel . Et ce sans jugement

la reconnaissance de la profondeur de la plaie elle-même est en curatif .

Cela nous amène à peut-être l'aspect le plus crucial de la

travailler avec les parents d'enfants décevants et déçus :

à savoir le deuil . Si Freud a raison et beaucoup d'amour parental est un

forme de l'amour-propre , la déception de ces parents souffrent est tout

trop réel . Quelque part, ils doivent être aidés à pleurer l'échec de

leurs aspirations , ouvertement pour leurs enfants , secrètement , au moins dans

partie , pour eux-mêmes . Il est difficile d'obtenir ces parents d'y aller .

Qu'est-ce qu'ils veulent entendre , c'est qu'il ya une voie à suivre pour leur

enfants . Parfois, il est ; le plus souvent il n'est pas . Donc, le thérapeute

doit les ramener à la douleur qu'ils ressentent. tout l'

éléments d'un deuil sont présents ici , y compris le refus ,

la colère , la dépression , et nous espérons que finalement accusé de réception et acceptation . La dépression est une maladie ; la tristesse est un sentiment . et

tristesse , douloureux que cela puisse être , est souvent un remède à la dépression . nous

doivent aider ces patients mères pensent que leur tristesse .

À un moment donné , le commandant m'a dit: « J'avais espéré mon

fils serait mon Kaddish . " (Le Kaddish est une prière dite pour la

morts qui ne fait pas mention mort , mais est tout de

acceptation exprimée dans la louange de Dieu . Néanmoins, il ya tout

sortes d'autres significations à travers le Kaddish , y compris

superstitions sur le Kaddish effectuer une remise de

punition pour les péchés du père .) Le commandant a ensuite ,

" Mais ce n'est pas de l'être. Tout d'abord, il n'est pas assez ensemble pour le faire. (L'

Kaddish est dit tous les jours pendant onze mois .) Et deuxièmement , même s'il

pourrait , il ne serait pas compter pour beaucoup . " J'ai été surpris . Pas du tout

Larry avait indiqué une profondeur de croyance religieuse , bien qu'il ait

identifications ethniques et culturelles évidentes avec être juif . je

lui dit: « Il doit avoir été très pénible de constater que dans tous les

probabilité que votre fils ne serait jamais dire le Kaddish pour vous. " Il

sont devenus profondément triste , et même quelques larmes coulaient le long de son

joues . J'ai également souligné à lui que les rabbins avait toujours enseigné que le Kaddish dire du fils en aucune façon soulagé le père

de la charge de ses propres péchés . Nous avions vraiment eu dans certains

eaux profondes ici que je ne m'attendais pas . La déception de Larry

dans son fils touché le cœur même de son être et même de ses espérances ,

dans la mesure où il avait, pour le monde à venir . l'ensemble

épisode inattendu de son espoir que son fils serait son Kaddish

ouvert des possibilités profondes deuil, et nous avons travaillé sur

ceux pendant une longue période . Ils étaient en effet en train de transformer . Il s'agissait

vrai travail intérieur . J'ai aussi vélin intérieur de travail à travers le tissu de la

travail à l'extérieur d'essayer de trouver un plan de traitement viable pour

Le fils de Larry . Ce travail est en grande partie à l'intérieur sous la forme de douceur

confrontation de son dédain pour ses deux enfants, et de la

des fins défensives qu'il desservait - tous d'une manière ou d'une autre la

évitement de la douleur et cela s'est avéré fructueux . Déplacement interne de Larry

eu d'avoir joué un rôle dans la prise possible relativement sain

ajustement son fils finalement atteint. Acceptation , à la fois par le

père et fils , de la réalité de la vie de ce fils , était un élément crucial

élément quel que soit le succès du traitement a conduit à .

Les enfants sont , entre autres , les projets de l'immortalité , et quand l'enfant tourne mal le parent perd ce (généralement) consolation inconscient pour sa propre mortalité . La tâche thérapeutique est d'aider les parents pleurent, pas pour l'enfant , mais pour soi-même.

Mais l'amour parental n'est pas seulement narcissique ; il est également

désintéressé . Les thérapeutes se concentrent tous facilement sur le

pathologique , après tout , c'est ce que nous sommes payés pour le faire - et de manquer

la santé . Dans ce cas, il est possible de voir le côté narcissique de

l'amour parental et de manquer le côté désintéressé . Cependant brouillé

et s'emmêlent ces deux composantes de l'amour peuvent être , nous devons

reconnaître l' authenticité d'inquiétude angoissée des parents qui

l'enfant aura une vie de douleur et de non-accomplissement .

Freud a également souligné qu'il ya deux impossible

professions : la gouvernance et le rôle parental, à qui il ajouté

autre - psychanalyse et , par extension, la psychothérapie . tous les deux

le parent et le thérapeute sont impuissants à fond . ils peuvent

influence, mais pas de déterminer . Pour aggraver les choses , ils ont

responsabilité (souvent exagérément gonflé) sans pouvoir . ici

le contre récapitule exactement le patient parental de

l'expérience et donne le thérapeute d'une manière po Un bon exemple est

ma tentative de contrôler l'intervention toute-puissante que jamais

qui s'est passé avec le couple indien et leur enfant . Je faisais pour leur exactement ce qu'ils faisaient pour leur fils . Mes émotions de

frustration, de rage , et des sentiments d'échec aussi la leur en parallèle .

Une fois de plus l'occasion de comprendre et de se connecter .

Mes patients dans les programmes de récupération de l'étape Douze disent souvent ,

" Mettre à l'effort , mais ne pas essayer de dicter le résultat . " Très

Des conseils bouddhiste et terrible à la fois parent et le thérapeute . C'est

plus facile à dire qu'à faire. De même , la Douze Étapes de prière de sérénité

" Dieu m'accordent la sérénité d'accepter les choses que je ne peux pas changer ,

le courage de changer les choses que je peux et la sagesse d'en connaître

la différence " décrit parfaitement la tâche du parent et de

thérapeute. Un état d'esprit dans cette direction idéale en fait

travail thérapeutique plus facile et moins frustrant .

Il ya un phénomène intéressant qui revient souvent dans

ce travail . Un père m'a dit qu'il était un «alcoolique succès . " Il

ne veut pas dire qu'il était un alcoolique qui a réussi à l'

monde , mais dans une certaine mesure il était. Au contraire, il voulait dire qu'il

a été un succès comme un alcoolique ; c'est que, même si il a bu

alcoholically , il pourrait fonctionner à la fois professionnellement et en famille

membre . Il a poursuivi en disant que son fils n'était pas un succès

alcoolique , ce qui signifie boire alcoolique de son fils a donné lieu à son pas être en mesure de fonctionner . Alors qu'est-ce obtenu par la génération plus âgée a fait

ne suffira pas à la jeune génération . Je trouve que c'est une commune

motif . Il ne s'agit pas nécessairement de l'alcool . La même chose est vraie de

délinquance . Par exemple , dans le cas de Larry Finkelstein , il avait

réussi comme un délinquant ; son fils n'était pas . Quel que soit le

père ou parfois les limites et les déficits de la mère sont ,

ils sont en quelque sorte fonctionnelle pour eux, mais ils ne sont pas pour la

enfant. C'est quelque chose qui peut être travaillé avec la

thérapie . Encore altérées parents " succès " abritent énorme culpabilité

à la fois parce qu'ils étaient en mesure de gérer pendant que leur enfant ne peut pas,

et parce qu'ils ont fourni un modèle pour l'enfant qui ne

travail . Une fois de plus , une question de l'acceptation et de deuil .

Donner des conseils , parfois direct et sans fard est

réellement efficace dans ce travail . Je recommande qu'il soit utilisé

avec parcimonie et de façon réfléchie . Pourtant, il ya des moments où il est clairement

le chemin à parcourir . Par exemple , j'ai vigoureusement conseillé familles

des parents , c'est - à ne pas payer pour une autre cure de désintoxication pour un fils ou

fille , peut-être la quatrième , ce qui serait peu probable à travailler

et entraînerait la faillite de la famille . J'ai trouvé que cet avis est souvent pris .

Si des conseils don est une partie de ce travail , il en est l'interprétation .

Ce travail consiste à amener à l'intérieur de la surface et à amplifier

toutes les émotions , l'amour , la haine , la peur , l'anxiété , l'espoir , que

amené les parents, cependant beaucoup à un niveau conscient , ils

venu pour l'enfant , au traitement. Confrontation si doux ,

l'identification et la réflexion de l'émotion, ainsi que l'interprétation ,

sont au centre de ce travail . Par exemple, l'un des plus mutative

aspects de mon travail avec Edna était de nature interprétative . J'ai dit

elle que l'une des raisons qu'elle était incapable de laisser aller le passé , de la

années au cours desquelles elle avait pris en charge et sans doute lui ont permis

neveu , était qu'elle n'avait jamais vraiment connu ou

reconnu la façon dont elle était très en colère contre lui pour son aide tout

ces années . " C'est vrai, vous (ce qui signifie tante Edna) dit que vous

étaient parfois en colère , mais je ne pense pas que vous avez une prise de conscience

de la colère que vous étiez là et vous êtes maintenant . vous laisser

sent que la colère est une étape nécessaire dans le pardon pour la très réelle

dommage qui a été fait pour vous. Il n'ya aucun moyen que vous pouvez pardonner ,

qui serait libérateur pour vous , sauf si vous vous sentez vraiment que vous besoin de donner le pardon . Et vous le faites, parce que vous êtes en colère

encore " .

Le travail autour de cette colère et de la culture d'Edna

réalisation qu'elle avait quelque chose à pardonner à son neveu pour que

ainsi que le désir conscient de se pardonner lui permettant été

vraiment libérateur. Mais il y avait encore un autre aspect de sa colère que

nécessaire pour être interprétée. J'ai dit: « Edna , non seulement vous êtes en colère contre

votre neveu , mais vous êtes en colère contre vous-même, non seulement pour faire

choses inutiles pour lui , mais bien pour avoir été si

priver de vous-même . En bref , vous êtes en colère contre vous-même pour avoir

laissez-vous , en effet , avoir été complice , être exploités .

Et oui , votre être conscient de votre colère à votre neveu est une étape

en acceptant tout ce qui s'est passé entre vous deux , et que

acceptation lui pardonner . Vous devez vous pardonner

vous avoir maltraité avant vous pouvez vous pardonner

pour permettre ou de lui pardonner son exploitation . " Et ouvert

un tout nouveau filon de minerai à extraire et a travaillé à travers .

En discutant AlAnon J'ai fait remarquer que l'un des plus

forces améliorateurs que AlAnon fait peser sur ses members

est la communauté . Non seulement un sens de la communauté , mais la chose elle-même.

Le thérapeute ne peut évidemment pas offrir communauté en ce sens que

Al-Anon ne , qui est , un vaste réseau de compagnons d'infortune .

Néanmoins , le traitement est important sur la communauté et même

ne fournit de nombreux avantages de la communauté . les parents,

qui cherchent notre aide dans leurs relations avec leurs enfants adultes en difficulté sont imprégné de la honte , et cette honte isole . La solitude et l'

solitude sont intrinsèques à leurs difficultés. la relation

entre le thérapeute et le patient pauses parentales bas que écrasement

sentiment de solitude et que l'alliance thérapeutique renforce

offre un véritable pont dans la communauté humaine . Il est

un aspect essentiel de ce que nous faisons . Quelqu'un a dit il ya deux

possibilités : être seul , seul ou à être seuls ensemble . quand notre

travail réussit le patient n'est plus seul seul , mais il est maintenant

seuls.

Lecture recommandée :

Par Rosemary Balsam M.D.

Fils de maternage Passionné

Par Richard D. Chessick M.D. , Ph.D.

Freud Enseigne Psychothérapie Deuxième Édition

Par Laurent Hedges

Maintenir l'intimité à Long - Relations terme Surmonter Nos craintes de relations

Surmonter Notre relation craintes classeur Croix - Rencontres Culturelles : Combler mondes de différence

Notre relation à la Psychothérapie et de la supervision

Par Jerome Levin Ph.D.

L'alcoolisme dans un verre de tir: Ce que vous devez savoir

pour comprendre et traiter l'abus d'alcool

Le Soi et thérapie

Grandmoo Goes to Rehab

Trouver la Vache Dans: Utilisation d'imagination pour enrichir

votre vie

Par Fred Pine Ph.D.

Au-delà de pluralisme : la psychanalyse et la

Fonctionnement de l'esprit

Par David B. Sachar M.D.

Atteindre le succès avec le TDAH : Secrets d'une

Professeur affligé de médecine

Par Fred Sander M.D.

Thérapie individuelle et de la famille

Par Charles A. Sarnoff M.D.

Les théories du symbolisme

Symboles de Psychothérapie

Symboles de la culture, de l'art , et le mythe

Par Jill Savege Scharff M.D.

Supervision clinique psychanalytique de

psychothérapie

Par Jill Savege Scharff MD et David E. Scharff MD

Médecin dans le siège de la maison: la psychanalyse à l'

Théâtre

Par Samuel Slipp M.D.

Anti - antisémitisme : ses effets sur Freud et

psychanalyse

Imre Szecsödy M.D. , Ph.D.

Supervision et le Making of de la psychanalyste

Par Vamik Volkan M.D.

Un processus psychanalytique du début à sa

résiliation

Par Judith Warren Ph.D.

Lecture et thérapie : Brush Up Votre Shakespeare

(et Proust et Hardy)

www.ingramcontent.com/pod-product-compliance
Lightning Source LLC
Chambersburg PA
CBHW060642290526
45793CB00001B/358